Klaus He
Gottes Zeit – uns

Klaus Hemmerle

Gottes Zeit – unsere Zeit

Jahreslesebuch

Herausgegeben von Erich Strick

Verlag Neue Stadt
München · Zürich · Wien

2004, 4. Auflage als Neuausgabe

Umschlagabbildung: Roberto Cipollone, „Colore materia"
Umschlaggestaltung und Satz: Neue-Stadt-Graphik
Druck: Memminger MedienCentrum, Memmingen
ISBN 3-87996-608-7

Vorwort

Klaus Hemmerle ist vielen Menschen in Erinnerung geblieben als jemand, der auf andere zuging, sie ansprach, die Kleinen und die Großen, auf humorvolle oder geistreiche Weise. Auch heiklen Diskussionen auf ungewohntem Terrain wich er nicht aus. Und oft gewann der schon lange Bekannte oder die neue Gesprächspartnerin den Eindruck: Der denkt groß von mir, der hält mich für wichtig, der versucht mich zu verstehen, auch wenn er meine Meinung, mein Anliegen nicht teilt. Gut denkend, aber keineswegs unkritisch ging Bischof Hemmerle auch auf Fragen der Zeit, auf Entwicklungen in Kirche und Gesellschaft zu. Mit einem klaren Blick auf die „Landschaft" unserer Tage suchte er nach Wegen, wie Glaube, Hoffnung und Liebe, wie Christsein gehen kann.
Viele seiner Ansprachen, Reden und Veröffentlichungen sind von diesem Bemühen geprägt. Da sie mittlerweile nur schwer zugänglich sind, möchten wir zum zehnten Jahrestag seines Todes diesen Jahresbegleiter in einer neuen, vierten Auflage herausgeben. Was Erich Strick, ein Mitarbeiter von Bischof Hemmerle in seiner Aachener Zeit, der ersten Auflage im Jahr 1994 zum Geleit gab, hat nichts an Aktualität verloren: „Erinnerung und Vermächtnis gaben die Anregung zu diesem Kalenderbuch, Klaus Hemmerles Worte aber schlagen immer wieder die Brücke in das Morgen."

Verlag Neue Stadt

Inhalt

Januar

Erfüllt ist die Zeit

1. Januar, Neujahr

Unser Weg, den wir zu gehen haben, ist ein Weg, an dessen Anfang und Ende nicht ein undeutliches Woher und Wohin stehen, sondern an dessen Anfang und Ende jener steht, der von sich sagen kann: Ich bin das Alpha und das Omega, ich bin der Anfang und das Ende. Ja, er ist der Herr der Zeit. Er ist mächtiger als alle Mächte, mächtiger als die Zeit und ihr Verlaufen und Vergehen. Aber seine Macht hat einen Namen, den wunderbaren Namen der Liebe. Er interessiert sich für uns, er denkt an uns, wir sind die geheime Achse, um welche seine Ewigkeit, um welche sein Leben schwingt. Er trägt uns *schon* immer im Herzen, und er wird uns *noch* immer im Herzen tragen, wenn alles vergangen sein wird.

Aus einer Morgenfeier im Westdeutschen Rundfunk, 1.1.1976

2. Januar

Der Weise kennt die Zeit. Er weiß, dass der Mensch nicht alles machen und herstellen kann, sondern dass er antworten muss, antworten auf einen Anruf, antworten auf eine Gabe, die ihm zufallen. Er weiß, dass er an einem Faden weiterzuspinnen hat, der ihm zugeworfen ist, und dass er die Verantwortung hat, wieder anderen den Faden zuzuwerfen.

Weise ist, wer die Zeit versteht, ihren Zusammenhang und ihre Grenze, ihren Fortschritt und ihr Verrinnen, ihr winziges Jetzt und ihr unendliches Nichtmehr und Nochnicht.

Aus einem Artikel, 1976

3. Januar

Gott selbst bricht auf, er selbst gibt sich hinein in unser Leben, er selbst lässt die Quelle unserer Zukunft entspringen auf dem Gelände unseres Lebens. Er lässt sich ein mit uns, wird radikal der Gott mit uns und Gott für uns, seine Herrschaft bricht an. Die Sonne strahlt nicht mehr von jenseits des Horizontes einige Sterne an, die von ihr Zeugnis geben, sondern sie kommt über den Horizont herauf, sie steigt auf und will Tag werden lassen. Wir sollen im Licht Gottes, im gegenwärtigen Licht Gottes gehen und leben dürfen. „Nahe gekommen ist die Herrschaft Gottes!“, damit will Jesus uns sagen, dass Gott seine Position zu unserem Leben grundsätzlich verschiebt, dass er in dieses Leben einbricht, dass die Zukunft von ihm her übergeht in bleibende, durch keine Angst und Unsicherheiten mehr in Frage zu stellende Gegenwart. Die Quelle der Zukunft wird uns gegenwärtig, Gott steigt herauf von der Peripherie ins Zentrum unseres Lebens.

Aus: Glauben – wie geht das?, 28f

4. Januar

Nur als Gottes Zeit
wird die Zukunft
auch unsere Zeit.

5. Januar

Der Stern hat sich nicht geirrt,
als er den Fernsten rief, aufzubrechen
zum nahen Gott.
    Der Stern hat sich nicht geirrt,
    als er den Wüstenweg wies,
    den untersten, den härtesten Weg.
Der Stern hat sich nicht geirrt,
als er stehen blieb über dem Haus
der kleinen Leute:
Dort ist die große Zukunft geboren.
    Dein Herz hat sich nicht geirrt,
    als es sich aufmachte,
    den Unbekannten zu suchen.
Dein Herz hat sich nicht geirrt,
als es nicht aufgab
in der sichtlosen Ungeduld.
    Dein Herz hat sich nicht geirrt,
    als es sich beugte
    vor dem Kind.

6. Januar, Erscheinung des Herrn

Der Stern lädt uns ein zum Aufbruch, der Stern will uns losketten von unserer Verfangenheit an uns selbst oder an ein bloßes System, er will uns zum Gehen bringen, zum Aufbruch, irgendwohin zu gehen, wo wir noch nicht waren. Das will der Stern. Und dieser Stern hat es an sich, dass er weiterzieht und dass er stehen bleibt. Er geht durch die Wüste hindurch in die Ferne hinein, aber er bleibt stehen über dem Haus. Und über welchem Haus bleibt er stehen? Er bleibt stehen beispielsweise über meiner Schule oder meinem Büro oder dort, wo ich sonst meine Arbeitsstelle habe. Da bleibt der Stern stehen und sagt: „Da ist der Ort, hier!“ Und wenn ich dann wieder heimkomme, dann bleibt er stehen über meinem Haus, über meiner kleinen Welt, da bleibt er stehen, dieser Stern. Bei mir soll ich den finden, auf den es ankommt. Aber ich finde ihn, auf den es ankommt, bei mir nur, wenn ich entdecke: Der Stern bleibt auch stehen über dem Haus meines Nächsten. Dort soll ich Jesus finden.

Aus einer Predigt, 6.1.1993

7. Januar

Was wären die Dreikönige, wenn nicht einer von ihnen der Mohr wäre. Ich glaube, dass gerade heute das sehr wichtig ist. Wir können nicht nur in einer Rasse, wir können nicht nur in einer Hautfarbe unterwegs sein. Wir können nicht sagen: Die anderen gehen uns nichts an. Nein, sie gehören mit ins Team der Dreikönige, sie sind mit dabei. Die andere Farbe, sie gehört dazu, die Farbe des Ausländers. Wir sind eine verschworene Schicksalsgemeinschaft um des Kindes willen.
Ich finde es auch schön, dass wir uns selber schwarz anmalen. So wird deutlich, ich ziehe dich an, ich will so sein wie du, ich trage dein Schicksal. Ich bin nicht verschämt, sondern stolz, dass ich der Mohr bin, dass ich der andere bin.
Wie gut wäre das, wenn es so in unserer Geschichte, in unserer Gegenwart wäre!

Aus einer Predigt, 6.1.1993

8. Januar

Wenn Gott uns sein Wort gibt und bei seinem Wort bleibt, dann ist unsere Zukunft umfangen von Gottes Wort, dann dürfen wir uns für unsere Zukunft verlassen auf Gott. Weil Gottes Jawort ein Wort für alle ist, weil er alle in seine Zukunft hinein nimmt, ist meine Zukunft zugleich verbunden mit der Zukunft aller. Wir sind Zukunft miteinander und füreinander. Ich halte Gott gegenüber die Treue nicht, wenn ich seinen Bundespartner missachte. Es gibt nur eine Liebe, die als Antwort Gott gilt und die zugleich meinem Nächsten gilt.

Aus einem Artikel, 1974

9. Januar

Dass Gottes Herrschaft nahe gerückt ist, steht in der Mitte der Botschaft Jesu. Was aber heißt das? Es soll offenbar werden, es soll Inhalt dieser unserer Geschichte werden, dass Gott Gott ist. Er will nicht mehr nur der Ferne und Verborgene sein, sondern seine Nähe soll die ganze Welt erfüllen: Die Welt soll voll sein von der Herrlichkeit Gottes.

Aus einem Artikel, 1974

10. Januar

Jesus stellt seine Zukunft so total dem Vater anheim, er vertraut so unbedingt auf ihn, dass der Vater alles ihm zumuten, alles ihm geben und nehmen darf. Gerade als der Gekreuzigte „sagt" uns Jesus:
Meine Zukunft ist allein der Vater, allein sein Wille, ganz gleich, wie dieser Wille aussieht.

Indem Jesus seine Zukunft vorbehaltlos in die Hände des Vaters legt, schenkt der Vater ihm die Zukunft ohne Ende, jene Herrlichkeit, die keine Grenzen kennt und die auch unsere Herrlichkeit werden will.

Aus einem Artikel, 1974

11. Januar

Wir hoffen, und aus der Hoffnung handeln wir, doch die Hoffnung weist weiter als unser Handeln: denn letztlich bringt all unser Handeln nur ein bescheidenes Zeichen zuwege, das diese Hoffnung bezeugt, ohne sie schon jetzt voll einlösen zu können.
Was von unserem Tun hier und jetzt bleibt, was in die Ordnung der endgültigen Gerechtigkeit, in den neuen Himmel und die neue Erde eingeht, ist allein die Liebe.

Aus einem Artikel, 1974

12. Januar

Markus fasst die Predigt Jesu so zusammen: „Erfüllt ist die Zeit und nahe gekommen die Herrschaft Gottes. Kehrt um, und glaubt an die Frohe Botschaft“ (Mk 1,15).
Hier ist Entscheidendes uns gesagt: Erfüllt ist die Zeit. Das bezieht sich zwar unmittelbar auf den Erwartungshorizont des Alten Testaments, aber nicht nur. Es bezieht sich auch auf unsere Art und Weise, mit der Zeit umzugehen.
Wir planen die Zeit. Das ist das Große, dass der Mensch dies vermag. Ja, wir können Vorsorge treffen für alles Mögliche –

aber … die Zeit muss uns Augenblick für Augenblick zukommen, und sie kommt uns so zu, dass wir dem wehrlos ausgeliefert sind. Wir können uns nicht Zeitkonserven anschaffen, um sie bei Bedarf hervorzuholen. Die Zeit ist ein verderbliches Gut, wir können keine Zeit auf Vorrat einkaufen, die Zeit muss kommen.

Aus einem Artikel, 1977

13. Januar

Das ist die Not des Menschen heute: Wir ringen um unsere Zeit, wir wollen sie gestalten, wir machen den Wettlauf mit der Zeit. Nun sagt Christus: „Erfüllt ist die Zeit und nahe gekommen die Herrschaft Gottes." Diese Quelle aller Zeit, allen Seins, Gott selber, entspringt nicht unverfügbar hinter dem Horizont, sondern mitten auf dem Terrain unseres Daseins. Gott kommt hinein in die Welt, er stellt sich uns zur Verfügung. Zukunft ohne Grenzen, Zukunft ohne Ende ist da. Aber Zukunft nicht für den, der von sich aus sorgt und plant, sondern für den, der den Sprung macht, um von Gott her zu leben, in einer radikalen Abhängigkeit von ihm. Aber gerade dadurch gelangt er in die wunderbare Freiheit der Vögel des Himmels und der Lilien auf dem Feld, Augenblick für Augenblick.

Aus einem Artikel, 1977

14. Januar

Jeden Morgen, wenn ich an meinen Postberg herangehe, ahne ich, dass da meistens einige „Zeitbomben" drinliegen oder irgendwelche Überraschungen. Ich muss in der inneren Gelassenheit bleiben, ohne mich von einer Ölschicht überziehen zu lassen, ohne dabei zu denken: „Ach, das mache ich auf dem Verwaltungsweg." Ich muss von Gott her das Bewusstsein haben, dass nichts auf mich zukommt, was seine Liebe nicht lösen könnte. Das ist nicht ein Trick, sondern der Glaube, dass Gott wirklich in Jesus für alle Zeit uns zur Verfügung steht.

Aus einem Artikel, 1977

15. Januar

Normalerweise verhalten wir uns, als müssten wir die Welt entwerfen und machen. Ob es mit ihr gut oder schief geht, das erscheint uns als das Glücksspiel, das zugleich doch ein Spiel mit unserer Kunst und unserem Witz ist. Aber eine Sache bleibt unserer Kunst und unserem Witz vorenthalten: ob die Zukunft, die wir planen, auch wirklich stattfindet. Alles können wir vorhersehen für morgen, nur das eine, das Grundlegende können wir nicht machen: dass der morgige Tag kommt. Er kommt von sich aus. Hier liegt die Ohnmacht des Menschen, dass er die Zeit nicht machen kann. Daher in aller Sicherheit und allem Reichtum seine Sorge, Angst und Unsicherheit.

Jesus verkündet: Gott ist nicht der ferne Horizont, der sich in einen Wolkenschleier hüllt, hinter dem seine allmächtige Hand die Sandkörner der Zeit entweder hervorrieseln lässt oder zurückbehält. Gott lässt sich ein mit dem Menschen, er bricht ein in das Leben des Menschen, er richtet seine Herrschaft, sein Gottsein, auf mitten im Lebensraum des Menschen.

Aus einem Vortrag, 1.7.1977

16. Januar

Ich bin es, sagt Jesus, in dem Gottes Herrschaft jetzt anfängt. Und nun hat deine Zeit der Angst, der Sorge und des Planens nicht mehr das letzte Recht. Jetzt kannst du dich auf diesen Gott unmittelbar einlassen, und du musst es, wenn du mir glaubst. Lass deine Sorge, gib dein Planen aus der Hand, tritt von der Größe deines Selbstentwurfes zurück, und werde wieder wie die Lilie des Feldes und wie der Vogel auf dem Dach! So provokatorisch ist die Rede Jesu. Ohne eine entschuldigende Erklärung abzugeben, er wolle den Menschen nicht zu nahe treten und er meine es nicht so wörtlich, er meine es nur spirituell, hat er den Menschen auf den Kopf zugesagt: Kehre um, lass dein bisheriges Leben! Glaube mir, dass in mir Gott mit dir handelt, und folge mir nach! Tritt in die Lebensgemeinschaft mit mir ein. Freilich musst du damit rechnen, dass du alles verlierst, dass du am Ende so dastehst, wie ich dastehen werde, am Kreuz. Du musst also damit rechnen, dass erst dann Gott dir alles schenken wird, wenn du dich radikal ihm auslieferst, wenn du dein Kreuz auf dich nimmst.

Aus einem Vortrag, 1.7.1977

17. Januar

Dass das Leben Bewegung ist, Unruhe, Weg, dies hat immer gegolten und wird immer so bleiben, solange es eben eine Zeit gibt. Und ohne dass es eine Zeit gibt, gibt es uns selber nicht. Wir können alles Mögliche machen mit der Zeit und in der Zeit, aber Zeit selber können wir nicht machen. Und diese Zeit, die wir nicht machen können, läuft, aber wir laufen mit.

Mitläufer der Zeit und Gestalter der Zeit – das ist die Doppelrolle, in die wir unweigerlich gedrängt sind.

Aus einem Artikel, 7.1.1979

18. Januar

Ich versuche, das Programm des Hohepriesterlichen Gebetes zu meinem Programm zu machen. Schlüsselwort ist mir das „Wie". Wir sollen eins sein, wie Vater und Sohn eins sind – so gerade kommt die Welt zum Glauben. Immer wieder begegnet dieses „Wie" im Evangelium. Was hat es auf sich mit diesem Wie? Gott will nicht mit ein paar Geboten oder mit ein paar Gnaden unser menschliches Leben etwas aufbessern, sondern er will uns sein eigenes Leben schenken, wir sollen sein dürfen wie Gott. Wir können es aber nicht aus uns selbst, sondern er muss es uns schenken. Wie aber können wir erfahren, wie Gott ist? Antwort: Er hat uns sein Wort gegeben, das uns sagt, wie Gott ist. Deswegen fängt für mich die Pastoral damit an, dass wir lernen, das Evangelium ins Leben zu übersetzen, Stück um Stück, Wort für Wort. Und nicht nur der Einzelne soll dieses Evangelium zum Inhalt seines Lebens werden lassen, sondern auch die Gemeinschaft. Überall, wo wir das Wort des Evangeliums leben, wird ein Stück menschlichen Lebens verwandelt in göttliches Leben.

Aus einem Interview, 1977

19. Januar

Jesus will nicht nur, dass einige eins sind, sondern dass alle eins sind. Und so gehört für mich zur Pastoral hinzu, dass wir uns öffnen für die ökumenische Begegnung der Christen. Und mehr noch: für die Einheit aller Menschen in der Welt.

Aus einem Interview, 1977

20. Januar

Was hat Jesus am Kreuz getan? Er hat sich aus der Situation unserer Gottesferne dem Vater hingegeben, er hat aus der Abgründigkeit unseres Nein zum Vater sein, unser Ja gesagt. Bildhaft gesprochen: Die Dissonanzen und Konsonanzen der Menschen zu Gott und zueinander sind zusammengefasst in seinem Ja, sind verwandelt zum einen Gebet, das er im Namen der Menschheit dem Vater darbringt. Hier, in diesem Gebet des Sohnes zum Vater, das Jesus in unserer Sprache und unserer Sprachlosigkeit zugleich formuliert, ist die Scheidewand niedergerissen, ist der Anfang der einen Menschheit, ist die Mitte und Achse des Lebens der Kirche.

Was Jesus ein für allemal dem Vater gesagt hat, das soll die Kirche mitsprechen, mitbeten von allen Orten und aus allen Zeiten her.

Indem die Kirche sich mit Jesus Christus im Gebet verbindet, vollbringt sie ihr Wesen, vollbringt sie das, was sie schon ist – und schöpft so die Kraft, damit sie werden kann, was sie sein soll und noch nicht ist.

Aus einem Artikel, 1978

21. Januar

Jesus stirbt unser aller Tod, er teilt unser aller Verlassenheit. In seinem einen Schrei der Gottverlassenheit sind alle Gottverlassenheiten, Getrenntheiten der Menschen von Gott und voneinander enthalten. Da ist der Einheitspunkt.
Aber Jesus bleibt nicht in dieser Verlassenheit, in diesem Hiatus, in diesem Spalt, sondern er trägt alles in den Vater hinein und wird vom Vater erweckt. Und da, im Auferstandenen, werden wir alle uns neu geschenkt, wird uns unsere Einheit geschenkt im Leibe Christi, seinem Heilsgeheimnis. Deswegen können wir einander nicht lassen, haben wir alle miteinander zu tun, haben wir mit allen Menschen zu tun.

Aus einem Vortrag, 26.4.1989

22. Januar

Ich glaube daran, dass es Einheit gibt und dass es sie gibt in einem menschlichen Herzen. Weil es Einen gibt, von dem alles stammt, in dem alles geschaffen ist, ohne den nichts geworden ist von dem, was geworden ist (vgl. Joh 1,3); und dieser Eine ist eingestiegen in die Geschichte. Er hat sie angenommen, ganz konkret in einem Menschenschicksal, in einer Menschenerfahrung, in einem Punkt dieser Zeit. Aber in diesem einen Punkt hat er uns alle angenommen, hat er kommuniziert mit allem Menschenschicksal. Er ist derjenige, in dem alles jenseits der Geschichte zusammengehalten ist, er ist das Wort, in dem alles geschaffen ist, und dieses Wort hat sich mit uns einsgemacht (vgl. Joh 1,1-14), ist Geschichte geworden und trägt die Geschichte in sich. Nicht in einem grandiosen Schauspiel, im Kunstgriff eines denkerischen Entwurfs, eines dialektischen Systems, sondern in der Solidarität des Ausleidens und Übernehmens aller Menschenwirklichkeit, im Hineinschreiben aller menschheitlichen Verlassenheit in sein Herz. … Wir sind eins in einem, der uns liebt, der mit uns allen solidarisch geworden ist.

Aus einem Vortrag, 2.6.1991

23. Januar – Todestag von Klaus Hemmerle

Wer nicht mit dem Tod lebt, der lebt nicht mit dem Leben. Und wer mit seinem eigenen Tod nicht lebt, der lebt nicht mit seinem Leben.
Manchmal entdecken wir, dass dieser Vorhang zwischen dem Leben hier und dem Leben in der Vollendung bei Ihm hauchdünn ist. Und dann bekommen wir den Mut und vielleicht auch die Weisheit, dieses Leben so zu leben, dass es ganzes Leben ist, weil es Leben mit dem Tode ist.

Aus einer Predigt, 2.11.1993

24. Januar

Mit Gott leben heißt, nicht mit Angst leben, sondern im Vertrauen leben, in der Gelassenheit leben. Wissen, dass der Gott, der mir jetzt irgendeine Konferenz oder einen Brief oder eine Begegnung mit einem Nächsten oder ein Kopfweh oder ein gutes Essen zuschickt, dass dieser Gott derselbe ist, dem ich in alle Ewigkeit begegnen werde. Und dass umgekehrt ich mit diesen Dingen nur dann in der wahren Gelassenheit lebe, wenn ich sie in der Endgültigkeit des Vertrauens zu diesem Gott lebe. Mir scheint, dass hier etwas wie ein Maßstab, wie ein Barometer für unser Leben entstehen könnte, eine Waage, an der wir etwas abmessen können. Nur dann, wenn die letzte Entschiedenheit mich gelassen macht und wenn ganze Gelassenheit mich entschieden macht, nur dann lebe ich gut. Beides, die Gelassenheit und die Entschiedenheit, die Endgültigkeit und die gelassene Vorläufigkeit, beides ist dieselbe Liebe. Denn ich bin von ihm geliebt, und das ist entscheidend.

Aus einer Predigt, 2.11.1993

25. Januar

Nachfolge – das heißt einem nachlaufen, der da ist,
mit einem gehen, der mitgeht,
und ihm dabei Augenblick für Augenblick
und Zentimeter für Zentimeter die Führung überlassen.
Anders gewendet:
Christ sein heißt leben mit einem, der lebt,
leben mit dem lebendigen Herrn.

26. Januar

Das Unterscheidende, Unverwechselbare des Christseins erschöpft sich nicht darin, dass wir eine Hoffnung haben, sondern es liegt in dem, worin diese Hoffnung gründet. Und sie gründet darin, dass Gott selber sich uns in Jesus Christus gegeben hat. …

Der Christ lebt nur auf die Zukunft hin, wenn er lebt aus dem Glauben an die ein für allemal geschehene Selbsthingabe Gottes in Jesus.

Aus einem Artikel, Mai 1979

27. Januar

Wenn ich jetzt die Hoffnung nicht vorlebe,
jetzt die Liebe nicht in meiner Liebe bezeuge,
dann ist Gott dort verdunkelt,
wo er hell sein könnte;
der Anruf verschwiegen,
wo er verlauten könnte;
das Angebot der Erlösung verdeckt,
wo es sich mitteilen möchte.

Aus: Gerufen und verschenkt, 172

28. Janaur

Erlöst sein heißt nicht: ohne Grenzen oder ohne Spannungen leben, in einer Vollendung leben, die doch noch aussteht. Wohl aber heißt es: in einer Hoffnung leben, die nicht Anhang zum Leben ist, sondern Sauerteig, der das Leben hier und jetzt von Grund auf verändert.

Aus: Gerufen und verschenkt, 165

29. Januar

Ist bei uns Christen von heute nicht deshalb die Hoffnung manchmal so klein geschrieben, weil Gott bei uns klein geschrieben ist? Wir lassen Gott nicht an uns herankommen, weil wir Angst haben vor seinem Anspruch, weil wir allzu schnell mit dem Wörtchen „unzumutbar" seine Herausforderungen uns vom Leibe halten. Aber wenn Gott uns nicht wehe tun darf, wenn wir nicht bereit sind, unsere Enge von ihm aufbrechen zu lassen, dann bleiben wir eben eng – und wir lassen auch die große Hoffnung nicht in uns ein. Nur der große Gott kann uns die große Hoffnung schenken. ... Der Weg der großen Hoffnung ist der kleine Weg, der Weg der Treue, jener Weg, der mitten durch diese Welt führt, wie sie ist, und der doch weiter führt als bis zu dem, was diese Welt uns anzubieten hat.

Aus einer Ansprache im Westdeutschen Rundfunk, 17.9.1978

30. Januar

Christliche Hoffnung ist nicht ein billiger Optimismus, der an der Situation vorbei sieht. Christliche Hoffnung ist eine lebendige Bewegung, die gerade deswegen, weil sie über das uns Mögliche, das von uns Erreichte hinaus hofft, die Grenzen, die Probleme, die Schranken, die Schwierigkeiten, die Situation, so wie sie ist, deutlich sehen kann.

Aus einem Vortrag, 10.9.1977

31. Januar

Die Hoffnung, aus der wir leben, muss sichtbar werden in der Weise, wie wir leben. Das Wort, das wir sagen, wird nur glaubhaft, wenn es dem Lichtstrahl gleicht, der nicht etwas Zusätzliches zur Lichtquelle, sondern ihr Da-sein ist.

Aus einem Artikel, 1974

Der nahe Gott

1. Februar

Es gibt Zukunft, weil es Gott gibt; denn Gott ist für uns Christen einer, der in sich selber Zukunft hat. Gott ist nicht nur jenes endlos bleibende Jetzt, jene ewige Gegenwart, jenes einfache Sich-Haben, das mit sich selber identisch ist, sondern Gott ist Beziehung. Gott ist Wegsein von sich selber, Gott ist in sich selber Gemeinschaft. Gott ist einer, der in sich selber auf einen anderen schaut, der auf ihn zukommt und auf den er zukommt. Die Zukunft in Gott ist der Andere: der Sohn für den Vater, der Vater für den Sohn im Heiligen Geist. Gott aber hat uns in seinem Sohn seine eigene Zukunft erschlossen. Deswegen gilt für den Christen: Zukunft ist der andere.

Aus einem Vortrag, 30.10.1971

2. Februar, Darstellung des Herrn

Maria hat nicht verstanden, sondern geliebt. Ich glaube, das Sehen und Sehenwollen ist vielleicht eine unserer größten Krankheiten. Wir wollen verstehen. Wir wollen tun, was wir verstanden haben. Wenn wir es aber verstehen, dann haben wir es, dann sind wir bei uns geblieben. Daraus wächst unsere Unsicherheit, unser Zweifel, weil wir ständig alles verstehen wollen und dadurch immer wieder nur uns begegnen.

Wer sich nicht leer macht von seinem Sehenwollen, der sieht nicht, dass es nur auf eines ankommt: nicht dass ich sehe, sondern dass Gott sieht. Wenn mir das genügt, gerade dann sehe ich. Dann wird mir ein Sehen geschenkt, das nicht mehr von mir gemacht ist.

Aus einem Vortrag, Dezember 1971

3. Februar

Gott ist Gemeinschaft, letzte Einheit miteinander und füreinander, radikale Gütergemeinschaft, totale Sozialisierung. Aber nicht aus Zwang, sondern aus Freiheit, in Liebe. Hier wird die Person nicht ausgelöscht in die Gemeinschaft hinein, sondern gerade durch die Hingabe an die Gemeinschaft konstituiert: Gottes Personsein ist Relationsein, sie besteht im Sich-Weggeben und Sich-Verschenken.

Aus einem Artikel, 1971

4. Februar

Wir tun manchmal so, als ob Gott zu groß und zu gut wäre, sich um unsere Kleinigkeiten und Kleinlichkeiten zu kümmern. Wir wollen ihn nicht behelligen mit den Bagatellen unseres Alltags. Was soll einen Gott, der die Jahrtausende und das Weltall umspannt, diese winzige Portion Mensch interessieren, die ich bin? Aber er, dem mehr an dem einen verlorenen Schaf liegt als an den neunundneunzig „sicheren", hat es schließlich uns selbst gesagt, dass er das Herz des Menschen deswegen so erschaffen hat, weil er selbst genauso empfindet.

Wir können, wie Romano Guardini es einmal ausdrückte, uns Gott nicht menschlich genug vorstellen. Und das ist eigentlich logisch; denn woher sonst als aus sich selbst sollte Gott auf eine solche Idee gekommen sein wie auf die des menschlichen Herzens? Die Kleinen, die Kinder, die Liebenden, das sind jene, die ihn verstehen; denn sie sind jene, die größer sind als die berechnende Enge und selbstbezogene Angst dessen, der sich in sich selbst verbeißt.

Aus: Im Konkurrenzkampf der Weltanschauungen, 15f

5. Februar

Den lebendigen Gott, der uns in der Bibel begegnet, kann man sich eigentlich nicht ausdenken. Einem solchen kann man nur begegnen! Der Hausvater, der das Mastkalb für den einen schlachten lässt, der zurückkehrt, nachdem er das ganze Vermögen mit den Dirnen durchgebracht hat (vgl. Lk 15,30), dieser Gott passt nicht in die rationalen Muster der Ausdenkbarkeit und in die Regeltreue und Bedingungen unseres Verstandes. Er handelt von sich aus, lebt und beginnt von sich aus.

Aus einem Vortrag, 1969

6. Februar

Jesus will in der Bergpredigt nicht, dass wir die Zähne mehr zusammenbeißen und ethisch uns krampfhafter anstrengen als die „gewöhnlichen“ Leute. Er möchte etwas ganz anderes. Er möchte uns vor Augen stellen, wie sein Vater im Himmel ist, jener, der sich in seinem unbegreiflichen Erbarmen aufgemacht hat, um den Menschen zu suchen; jener, der uns Jesus gesandt hat, um in seinem Sohn uns seine ganze Liebe, seine ganze Nähe zu schenken.

Aus einem Artikel, 1977

7. Februar

Jesus ist der Arme, dessen Leben in der Krippe beginnt und am Kreuz endet – und wie der Sohn des Arbeiters sein großes öffentliches Wirken beginnt, hat er nichts, wo er bleiben, worauf er sein Haupt legen kann. Nichtsesshafter.
Er operiert nicht die Schmerzen und Abgründe der Menschen hinweg, sondern geht selber hinein, trägt unsere Last bis zu Verlassenheit und Tod.
Er zerschmettert nicht mit dem Blitzstrahl der Allmacht seine Feinde, sondern lässt sich schlagen und verspotten, und er vergibt jenen, die ihm Unrecht tun.
Er wandelt nicht Steine in Brot, um seinen Hunger zu stillen, sondern er hat in uns entzündet den Hunger nach Gottes Wort, nach dem Leben, der Gerechtigkeit, der Wahrheit, die immer größer sind als das, was für den Augenblick satt und behäbig macht.

Aus einer Predigt, 1.11.1979

8. Februar

Jesus geht nicht vorbei an den Kleinen und Armen und Leidenden, weil er Wichtigeres zu tun hätte, als ihnen zu helfen. Das Kind und der Kranke und der Sünder und die trauernde Mutter werfen seine Programme um und treffen sein Herz.

Er hat keine undurchsichtigen Interessen und heimlichen Hintergründe, er ist ganz und gar lauter und durchscheinend. Wer ihn sieht, der sieht durch auf den Vater.
Er sagt angesichts der Schuld der Welt, er sagt angesichts unserer Misere nicht: Sieh du zu! Er nimmt alles auf sich und stiftet so Frieden in seinem Blut.
Er entzieht sich nicht dem Widerspruch, sondern leidet ihn aus und ist der erste in der endlosen menschheitlichen Kette der Verfolgten und Entrechteten.
Das ist Jesus, und wo Menschen ihm folgen, da erfahren sie schon jetzt eine Freiheit, eine Freude und eine Tiefe ihres Menschseins, wie sie sonst nirgendwo anzutreffen sind.

Aus einer Predigt, 1.11.1979

9. Februar

Wenn wir fragen, was das Konzept Jesu, was seine eigene „Idee" ist, die er verwirklichen will, dann entdecken wir: Er spricht nicht von sich, sondern er spricht vom Vater. Wir können eigentlich bei Jesus keinen einzigen Satz, keine einzelne Tat, keinen einzelnen Moment aus dem, was uns bezeugt ist, herausfinden, in dem es ihm nicht um den Vater ginge. Er lebt *für* den Vater, und er lebt *vom* Vater her. Dieses andauernde Schauen auf ihn, diese andauernde Ausrichtung auf ihn allein: Dies ist es, was ihn am allermeisten kennzeichnet.
Sicher, er setzt sich für die Armen und Schwachen ein, beugt sich barmherzig über den Nächsten, sagt: „Mich erbarmt des Volkes!" Aber gerade wo er große Barmherzigkeit, große Nähe uns zeigt, will er nicht nur humanitär, freundlich und nett sein zu den Menschen. Gerade dort steht er in der Sendung, ist er einer, der aus dem Verhältnis zum Vater, aus der Bezie-

hung zum Vater spricht und lebt. Der Vater, das ist alles, und der Vater ist es, der ihn zu den anderen sendet. Es ist die Liebe des Vaters, die in ihm offenbar wird.

Aus einem Vortrag, 5.7.1984

10. Februar

Als mir während meines Studiums in einer Vorlesung aufging, dass Reich Gottes, Himmelreich der Ansatz der Predigt Jesu sei, war das für mich so umstürzend neu, dass ich schier nicht mehr schlafen konnte. Gott sah ich zuvor als den Grund, das Ziel und das Maß meines Lebens – aber der dieses Leben lebte, war ich. In die Gegenwart schien die Wirklichkeit Gottes herein als Wegweisung und gnadenhaftes Geleit. Dass aber dieser Gott in Jesus Christus nicht nur Rand, sondern Mitte des Lebens, der Wirklichkeit sein will, dass er unmittelbar, jeden Augenblick, mich dazu ruft, mit ihm zu leben und ihm zu begegnen, das stellte alles auf den Kopf. Es hieß: nicht mehr auf einen fernen Gott zu, sondern vom nahen Gott her zu leben. Nun konnte ich auch verstehen, dass die Forderungen der Bergpredigt nicht eine ethische Überdehnung meines schwachen Willens darstellen, dass die Verheißungen der Sorge Gottes und die Aufforderung zum radikalen Vertrauen nicht naive weltbildliche Überzeichnungen sind, sondern dass in Jesus Gott unser Leben mit uns lebt.

Aus einem Artikel, 1985

11. Februar

Die klassische Aussage der Christologie, dass in Jesus Christus, in seiner einen Person, der zweiten Person der Heiligsten Dreifaltigkeit, kraft der Menschwerdung aus dem Heiligen Geist die göttliche und die menschliche Natur ungetrennt und unvermischt miteinander vereinigt sind, ist alles eher als eine bloß dürre Formel. Sie ist das gültige begriffliche Ertasten der je größeren Wirklichkeit, jener Liebe, die Gott selber ist und die sich in Jesus Christus ganz an uns verschenkt und ganz uns annimmt und in sich hineinnimmt. Alles ist anders, weil Gott Liebe ist, weil diese Liebe in Jesus Christus bei uns ist und weil wir in Jesus Christus und durch ihn in Gottes Leben sind.

Aus: Gerufen und verschenkt, 66

12. Februar

Gott ist der Wunderbare, der Geheimnisvolle. Liebe selbst ist sein Geheimnis; und in diesem Geheimnis ist das Geheimnis von allem, der Zusammenhang von allem verborgen und geborgen. Nur die aus Gott selber stammende Weisheit erkennt ihn, den wunderbaren Gott, und erkennt in ihm das Geheimnis des Alls. Dieses Geheimnis wohnt in ihm selbst, dieses Geheimnis ist er selbst.

Aus: Gerufen und verschenkt, 196

13. Februar

Was Gott in sich selbst ist, das will er für uns sein.
Und wie Gott ist, so sollen wir,
in ihm lebend, sein Leben empfangend und weitertragend,
selber sein.

Aus: Gerufen und verschenkt, 197

14. Februar

Gott ist nicht ein Mechaniker, er ist nicht ein Konstrukteur, er ist nicht einer, der mit seiner Allmacht etwas ablaufen lässt, was dann unfehlbar in ein Ende hineinkommt. Er ist – das sage ich zitternd, das sage ich im Widerspruch gegen all die vielen anderen Erfahrungen – Liebe. Er wollte ein Wesen erschaffen, das er ganz und gar liebt, das er aber deswegen, weil er es ganz und gar liebt, freigibt an sich. Der Mensch ist Gottes Bild, aber als geschaffenes Gottesbild ist er auch Gottes Risiko. Er hat ihn freigegeben, er hat uns freigegeben, und wir sind so gegangen, wie wir gegangen sind. Und so sind wir seine Wunde geworden. Er hat diese grenzenlose Liebe. Er hat nicht Antworten gegeben, er hat alle Fragen, er hat alle Nöte, er hat alle Wunden in unserem Innersten sich zu eigen gemacht in seinem Sohn am Kreuz.

Aus einer Predigt, 1993

15. Februar

In Jesus ist Gott einfach unser Bruder geworden und nicht nur als Helfender neben uns hergegangen, sondern er ist in uns eingestiegen, in unser Herz, in unsere Wunde. So hat er die Menschenwunde sich zu eigen gemacht, und so ist die Gotteswunde, die im Menschen brennt, in diesem Menschen Jesus von Nazaret zur Wunde Gottes geworden. Und wenn er sagt: „Ich bin der Weg“, dann können wir nirgendwo anders hinschauen als auf seine geöffnete Seite, als in seine Wunde, und gerade dort den Weg finden. Das ist gar nicht einfach und schon gar nicht selbstverständlich. Aber wenn wir es so probieren, ertasten, wagen, versuchen, dann werden wir erkennen, dass er der Weg ist.

Aus einer Predigt, 1993

16. FEBRUAR

Im Prolog zum Johannesevangelium heißt es: „Das Wort ist Fleisch geworden“ (Joh 1,14). Das Wort, aus dem alles gemacht ist, aus dem alles entstanden ist, das den Sinn jenseits von allem zeigt, dieses Wort steigt ein in die Ordnung des Fleisches, in die Ordnung der Banalität, in die Ordnung der Sünde, in die Ordnung der notvollen Geschichte, in die Ordnung, in der wir die Dinge nicht „gekramt“ bekommen, in die Ordnung, in der es immer wieder nur das Vergehen und das neue Anfangen gibt. Christus steigt ein, er macht sich das zu eigen. Sein Weg ist der Mensch. Sein Weg sind wir. Sein Weg ist unser Schicksal. Und das macht er nicht nur so, sondern das ist er. Er ist es, in dem Gott selber sich identifiziert mit uns. Das ist der Weg.

Aus einer Predigt, 1993

17. Februar

Wo finde ich mich und dich, die Menschen vor 3.000 Jahren und die in 10.000 Jahren? Ich finde alle zusammen nur in einem Punkt: in Ihm. In seinem Fleisch hat er unser Menschsein angenommen und lebt es als einer von uns und wie wir, aber zugleich so, dass er, in dem wir geschaffen sind, uns angenommen hat.

In *Gaudium et spes*, der Pastoralkonstitution des Zweiten Vatikanischen Konzils, steht ein sehr oft von unserem jetzigen Papst zitierter Satz: Jesus hat sich in seinem Menschsein gewissermaßen das Schicksal eines jeden Menschen zu eigen gemacht (vgl. GS 22). Wir haben miteinander zu tun im Fleische Jesu. Wir hängen miteinander zusammen. Das ist die „Koinonia", die Gemeinschaft, die wir haben: dass er unser Leben teilt, und so finden wir uns in ihm.

Aus einem Vortrag, 26.4.1989

18. Februar

Das Leben Jesu ist Leben aus dem Vater, Leben aus der Speise, die der Wille des Vaters ist (vgl. Joh 4,34). Er lebt nicht aus dem, was er kann, nicht aus seinen Kompetenzen, nicht aus seinen Wünschen, sondern er lebt aus dem, was er in dem beständigen Wegschauen von sich und Hinschauen auf den Vater am Vater abliest. „Ich bin nicht gekommen, um meinen Willen zu tun, sondern den Willen dessen, der mich gesandt hat" (Joh 6,38).

Jesus lebt nicht von sich aus, sondern vom Vater aus, Augenblick für Augenblick. Er kommt nicht von unten, sondern von oben (vgl. Joh 3,31). Das ist nicht nur der Anspruch seiner Sendung, sondern zugleich der Vollzug seines ganzen Daseins: leben von dem, der gegenüber ist, leben vom anderen, leben vom Vater her.

Aus einem Vortrag, 13.9.1973

19. Februar

In Jesus wird es offenbar: Der Gott, der solange in der Geschichte seines Volkes scheinbar geschwiegen hat, ist nicht eingeschlafen, nicht stumm geworden. Er kommt, er nimmt sich seiner Armen an. Aber er tut es nicht in einer überrumpelnden Blitzaktion seiner Allmacht, sondern er tut es auf dem kleinen Weg, dem Weg Jesu, dem Weg der Verborgenheit, des Dienens, ja des Kreuzes.

Aus einer Rundfunkansprache, 17.9.1978

20. Februar

Gott hat alles, wirklich alles für mich eingesetzt, Gott wird alles, wirklich alles mir schenken! Aber der Weg der großen Hoffnung ist auch für uns der kleine Weg. Ich habe einen bestimmten Nächsten, dem ich nicht ausweichen kann, eine begrenzte Kraft, die ich nicht verdoppeln kann, ich bin hineingeboren in bestimmte Verhältnisse einer bestimmten Gesellschaft und Kirche, von denen ich mich nicht hinwegträumen und hinwegprotestieren kann. Augenblick für Augenblick habe ich je einen Schritt zu setzen aus Hoffnung, auf Hoffnung hin.

Wir wollen das rettende und verwandelnde Zeugnis des kleinen Wegs der großen Hoffnung einbringen in die Ratlosigkeit und Mutlosigkeit unserer Zeit. Und viele sollen Gottes

Wort wiederum vernehmen und glauben können: „Ich will euch Hoffnung geben."

Aus einer Rundfunkansprache, 17.9.1978

21. Februar

Es gibt einen, in dem wir Gott und den Menschen finden, jenen, der das Schicksal und das Herz eines jeden Einzelnen von uns und von allen Milliarden Menschen in sich hineingenommen hat; jenen, der uns liebt bis zum Äußersten und in dessen Liebe wir wirklich zusammengehören: Jesus unser Bruder, der menschgewordene Sohn Gottes.

Aus: Fastenhirtenbrief 1980

22. Februar

Der Mensch braucht nicht mehr krank zu sein an sich und seiner Welt, wo er zu leben vermag aus der Liebe Gottes. Es geht nicht um Beschwichtigung und Betäubung, um ein Krisen und Brüche überspielendes Wohlbefinden, sondern um das Neuwerden des Menschen aus seinem Ursprung, aus Gottes Ja.

Aus: Gerufen und verschenkt, 184

23. Februar

Man hat es Jesus angekreidet, dass er der Freund der Zöllner und Sünder war, dass er sich in „schlechte Gesellschaft" begeben hat. Gewiss ist sein Verhalten missdeutbar, als ginge es ihm bloß um ein bisschen Gesellschaftskritik, um ein bisschen exzentrische Sympathie, um einen Protest gegen die Etablierten.

Nein, Jesus, in dem das Herz Gottes schlägt, geht es ums Ganze, geht es um alle. Der Rand ist nicht deshalb so wichtig, weil er Rand ist, sondern weil auch er zum Ganzen gehört. „Auch er ist ein Sohn Abrahams" (Lk 19,9), so hat Jesus selbst seine Freundschaft zu Zachäus, dem Zöllner, den Biederen und Gesetzlichen gegenüber gerechtfertigt.

Aus einem Artikel, Dezember 1973

24. Februar

Gott ist nicht einsames Ich, das sich in sich selber schließt, das sich je schon verwirklicht hat und das dann einige Bilder schafft von sich, etwas kleiner und missratener und nicht ganz so großartig und deswegen mit schwierigen Bedingungen, aber in denen ein bisschen etwas von seinem Selbst sich wiederholt. Wir sind nicht die Karikaturen Gottes, die missglückten, durch die Endlichkeit verdorbenen Gottesbilder; nein. Gott selber ist anders. Er ist in sich lebendige Beziehung, er sagt von aller Ewigkeit her nie „ich", ohne „du" zu sagen. Er ist von allem Anfang an einer, der sich in sich selber verschenkt und überschreitet, ich und du. Er ist einer, der schenken und empfangen kann. Der Vater schenkt sich dem Sohn und empfängt sich vom Sohn im Geist. Schenken und empfangen, das ist der Rhythmus des göttlichen Selbstseins.

Aus einem Vortrag, 5.7.1984

25. Februar

Die göttliche Selbstverwirklichtheit – Selbstverwirklichung können wir nicht sagen – besteht darin, dass er sich gibt und sich empfängt und alles gibt und alles empfängt. Das ist das radikal andere Modell. Hier ist der Vater er selbst. Hier ist der Sohn er selbst. Hier ist der Geist er selbst. Es gibt keinen größeren Selbststand. Aber dieser Selbststand ist nicht etwas, was sich in sich verschließt, sondern gerade in diesem Wechsel, in diesem Füreinander und Miteinander, in diesem „von her“ und „auf zu“ spielt die Lebendigkeit und die Fülle Gottes. Es ist nicht das Unglück und nicht die Grenze des Sohnes, dass er vom Vater her lebt und nicht aus sich allein, sondern es ist die Fülle. Und es ist die Fülle des Vaters, dass er sich verschenken kann in seinen Sohn und in seinen Geist. Nur wenn wir von hierher leben und sehen, verstehen wir auch das Selbst des Menschen richtig.

Aus einem Vortrag, 5.7.1984

26. Februar

Genau dort, wo wir begrenzt und gemindert zu sein scheinen, gerade darin, dass wir andere brauchen und mit anderen zusammenhängen, darin, dass wir Empfangende und Gebende sind, in der Wunde und Grenze unserer Endlichkeit, berühren wir zugleich das tiefste Geheimnis unserer Gottähnlichkeit. Ich bin gottähnlicher, weil ich schenken und empfangen kann, als wenn ich mir selber genügen könnte. Und so werden genau jene Erfahrungen und Tatbestände, die mich meine Endlichkeit schmerzlich berühren lassen, nicht nur Eingriff in mein Selbstsein, sondern Chance für mein Selbstsein. Sicher, wir sind Geschöpfe, wir können nicht über uns verfügen, es gibt einen unendlichen Abstand zu Gott, aber sobald wir diesen Abstand ernst nehmen, sobald wir uns beschenken lassen, wird gerade dort innerlich Fülle wachsen.

Aus einem Vortrag, 5.7.1984

27. Februar

Trinität ist nicht ein spekulativer Überbau über einen Gott, der uns in Jesus Christus seine Freundlichkeit gezeigt hat, sondern die Voraussetzung und Ermöglichung dessen, dass wir so geliebt sind, wie wir geliebt sind: Gott hat sich in Jesus ganz gegeben und uns ganz angenommen, in sich hineingenommen, und so werden wir erfüllt von dem Geist, der Gottes inwendigste Liebesgabe, Gott von Gott, ist.

Aus: Gerufen und verschenkt, 64

28. Februar

Einheit nach dem Maß des dreifaltigen Gottes (vgl. Joh 17) ist das Gegenteil von Nivellierung des Personalen, von Entschuldigung vor der eigenen Verantwortlichkeit, dem eigenen Auftrag. Aber diese Einheit ist genauso das Gegenteil einer Summe unverbundener Einzelner mit ihren Meinungen und Aktivitäten oder allenfalls eines Kompromisses zwischen diesen. „Du in mir und ich in dir“ – dieser Grundrhythmus des Lebens zwischen Vater und Sohn, zwischen Jesus Christus und uns drängt danach, Grundrhythmus auch unseres Lebens miteinander zu sein. Und nur in diesem Rhythmus kommt die Melodie des Evangeliums zum Klingen, gelingt die Harmonie, der erlöste und erlösende Zusammenklang zwischen Gott und Mensch und zwischen den Menschen.

Aus: Gerufen und verschenkt, 175

Die Zukunft siegt am Kreuz

1. MÄRZ

Vergib uns unsere Schuld, wie auch wir vergeben unsern Schuldigern.
Jesus ist Realist, er weiß um unsere Schwäche. Er verurteilt uns nicht, er sagt aber auch nicht: Es ist egal, wie du lebst. Er ruft uns zur Buße, zur Umkehr, zum immer neuen Anfang. Er vergibt uns, lehrt uns, den anderen zu vergeben. Freundschaft mit ihm versandet, wenn wir nicht immer neu umkehren.

Aus einem Brief an junge Leute, Ostern 1981

2. MÄRZ

Ich, der immer neu Versagende, kann nur aus Gottes Vergebung leben – aber diese Vergebung bewährt sich in der brüderlichen Vergebung, hat in ihr Hintergrund, wirkt sich aus in die Gemeinschaft, in welcher wir gegenseitig uns binden in jene Barmherzigkeit, die uns immer neu frei macht, um miteinander die Kinder des Vaters zu sein, die in ihrer Mitte den einen Herrn haben.

Aus einer Predigt, 26.2.1980

3. März

Ich bin gerade dann wahrhaft Priester und gut Priester, wenn meine Entscheidung für das Priestertum in erster Linie eine Entscheidung für Jesus Christus ist. Nicht weil ich Priester bin, muss ich eine besondere Beziehung zu Jesus Christus haben, sondern weil ich eine lebendige Beziehung zu Jesus Christus habe, kann ich Priester sein. Natürlich weiß ich, dass diese Beziehung in eine Krise geraten kann – und ich bleibe dennoch Priester, ja, es ist gut, dass ich ein für allemal eben Priester bin. Aber ich kann im Grunde nicht zur Ruhe kommen, ehe nicht diese Beziehung zu Jesus Christus wieder heilt und, vielleicht in anderer Färbung und Gestalt, neu wird, echter, tiefer wird.

Aus: Gerufen und verschenkt, 51

4. März

Wenn ich darüber nachdenke, was eigentlich die Menschen von einem Bischof am allermeisten erwarten, dann meine ich feststellen zu können, dass hinter vielen Wünschen, Forderungen, Anfragen ganz einfach der Satz steht: Sag mir, was du glaubst! Damit ist nicht ein bloß äußerliches Hersagen, eine dogmatisch richtige und vollständige Aufzählung der Glaubenswahrheiten gemeint, sondern vielmehr der Mut, den eigenen Glauben, das, was er einem selber bedeutet, weiterzugeben. Sicher als Orientierung, als verlässliche Wegweisung, aber als eine, die verankert ist im persönlichen Leben und im redlichen Versuch, diesen Glauben dem eigenen Alltag und dem eigenen Tun auszusetzen.

Aus: Sag mir, was du glaubst, 5

5. März

Am Kreuz trägt Jesus die ganze Welt, und er trägt gerade die in sich, die am weitesten draußen sind. Dort wird Herrschaft Gottes aufgerichtet; denn dort wird auch das Gegenteil Gottes, Schuld, Nein zu Gott zur Daseinsform Gottes, zu jener Daseinsform, in die der Sohn Gottes einsteigt, um aus der Erfahrung des Nein und des Dunkels sein Ja zum Vater zu sagen. Dort ist ganze, grenzenlose Zuwendung Gottes zur Welt.

Aus einem Vortrag, 31.8.1977

6. März

Es gab – und gibt teilweise noch – eine Ideologie des Ich, die meint, dass man um seiner Selbstfindung willen einmal Begriffe wie Schuld, Sünde und Vergebung beiseite lassen müsse. Fehlverhalten zu erklären und aufzuarbeiten, das genüge. Und was ist geschehen?
Viele Menschen sind dabei eher unglücklicher, unfreier, verängstigter geworden. Wir werden immer einsamer, immer ich-schwächer, kreisen nur noch um uns selber, wenn wir nicht mehr den Mut haben zu sagen: Vater, ich habe gesündigt vor dem Himmel und vor dir. Ich habe sogar mich selber verfehlt mit meinem Ich-sagen. Ich habe Ich für mich allein gesagt. Und ich möchte dieses innere, eigensinnige Ich-Sagen wieder wegschenken an dich und möchte wieder du sagen in meinem Ich.

Aus: Das Haus des barmherzigen Vaters, 53

7. März

Ein Pädagoge, der einmal einen Besuch im Zuchthaus machte, bemerkte hernach: Ich habe nur Verbrechen gefunden, aber keinen Verbrecher! Es sind schreckliche Dinge vorgekommen, aber jeder, der sie getan hat, hat gesagt: „Ich bin im Grunde nicht schuld daran, es waren nur die Verhältnisse." Das mag im Einzelfall stimmen, wo aber die Schuld nur abgeschoben, wo die Schuld nur entschuldigt wird, da bleibt sie in der Welt und wirkt unaufgearbeitet weiter. Wenn ich mich aber zu meiner Schuld stelle und sie dem Erbarmen Gottes schenke, habe ich die Chance eines neuen Anfangs, einer neuen Freiheit.

Aus einem Vortrag, 1971

8. März

Vom Menschen her kann das unterbrochene Gespräch mit Gott nicht einfachhin wieder eröffnet werden; zu solcher Eröffnung gehören zwei. Und es ist vom Wesen her Gott, dem die Eröffnung des vom Menschen aus unterbrochenen Gesprächs in freier Hoheit zusteht. Aber diese Eröffnung, dieses neuerliche Sprechen mit den Menschen setzt die Bereitschaft, den Aufbruch des Menschen voraus. Schweigen heißt bei sich bleiben; den eigenen Bruch zugestehen, ihn bekennen heißt über sich hinausgehen, sich Gott hinhalten, auf dass er neu anfangen kann. Die Zuständigkeit Gottes, den Bruch zu richten, wird in solchem Bekenntnis der eigenen Schuld eingestanden; doch in dieser Bereitschaft, sich dem Gericht zu stellen, wohnt zugleich das Zutrauen, gewinnt es die Oberhand. Das umkehrende, bekennende Wort des Menschen lässt ihn mit der Krisis, in die er geriet, Ernst machen, es eröffnet aber auch Gott die Möglichkeit, über die Krisis vergebend, neuen Anfang setzend hinauszuführen.

Aus: Gerufen und verschenkt, 83

9. März

Das Wort, das am Anfang bei Gott und Gott selber ist, es ist Ruf. Und dieser Ruf ist Gerufener, ist Antwort geworden. In diesem selben Geschehen, in welchem sich die Menschheitsgeschichte als Berufungsgeschichte verdichtet, vollendet sich auch die Umkehrgeschichte der Menschheit. In Jesus Christus ist das Verstummen der schuldigen Menschheit und der Schrei der von Gott entfernten Menschheit zugleich gegenwärtig, Wort geworden, ins Wort aufgenommen. Indem Gott den, der die Sünde nicht kannte, zur Sünde gemacht hat (vgl. 2 Kor 5,21), ist die Beichte der Menschheit geschehen. Er hat als der „Ecce Homo“ die ganze Schuld der Menschheitsgeschichte in seinem Fleisch Gestalt, in seinem Dasein, seiner Verlassenheit, seinem Hinscheiden Wort werden lassen. Wort, das sich in den Vater hineingibt. Erst indem das Wort Fleisch annimmt – und dies bedeutet: die Gestalt, die Existenzweise des Sünders, des gefallenen Menschen annimmt –, gelingt jenes Bekenntnis, das der Größe der Schuld und der Größe Gottes gerecht wird.

Aus: Gerufen und verschenkt, 85

10. März

Die ein für allemal in der Taufe geschehene Umkehr und Umkehrung unseres Lebens bedarf für uns alle der beständigen Einholung. Auch wo der Getaufte sich nicht von Gottes Leben trennt, drohen die Ansprüche und Angebote des Alltags ihn so an sich zu fesseln, dass das eine Wort, welches der Getaufte von Jesus Christus her geworden ist, verschattet, entstellt, gebrochen wird. Die Verwundung des Lebens Gottes bedarf stets neuer Heilung.

Aus: Gerufen und verschenkt, 88

11. März

Für mich gibt nichts anderes so sehr dem Leben immer wieder die Ausrichtung zu Gott, zu den Menschen, zur Gemeinschaft hin wie das liebende Entdecken des am Kreuz verlassenen und hingegebenen Christus in den Brüchen, Rissen, Enttäuschungen und Verfehlungen eines jeden Tages. Die beständige Vereinigung mit seinem Hintragen unserer Sündenlast zum Vater und mit der in seiner Liebe geschehenden Zuwendung des Vaters bedeutet für mich freilich auch das Drängen danach, das Sakrament der Wiederversöhnung oftmals zu empfangen.

Aus: Gerufen und verschenkt, 88f

12. März

Sowenig zwischen uns Menschen eine allgemeine Reflexion darüber, dass man immer wieder voreinander versagt, und sowenig ein generalisierendes „Verzeih mir, wenn ich gegen dich gefehlt habe!" das aufarbeiten und neu werden lassen kann, was sich an Staub und Sand in unsere Beziehung zueinander mischt, so wichtig ist es, sich selbst dem anderen zu stellen und auszuliefern im konkreten Ansprechen und Anvertrauen der eigenen Schuld, so plausibel, ja dringlich ist es, die beständige, innerlich zu vollziehende Umkehr einmünden zu lassen in das sakramentale Geschehen, in das Wort von Bekenntnis und Lossprechung. Dass ich in dieses innerste Verhältnis zwischen ihm und mir den Bruder einlasse, den er mit seinem Geist ausgestattet hat, damit er Sünden nachlassen oder behalten kann, holt den Vorgang der Umkehr ein in jenes Feld der Erfahrung, in dem ich mich als Versuchter, Versagender, Sünder finde: Der andere wird zum Ernstfall meines Gottesverhältnisses.

Aus: Gerufen und verschenkt, 89

13. März

Jesus treibt Dämonen aus (vgl. Mk 1,21-28). Es wäre verhängnisvoll, diese Grundlinie im Wirken Jesu zu übersehen und sie deshalb, weil wir uns in unserem Weltbild mit den entsprechenden Passagen schwer tun, abzudrängen. Dass wir der Erlösung bedürfen, heißt ganz elementar auch, dass wir der Erlösung von Mächten und Gewalten bedürfen, die uns besetzt halten, einengen in unserem Tun und Wollen, abhalten von der Hinwendung zur einzigen Quelle, aus der wir leben können.

Aus: Gerufen und verschenkt, 182

14. März

Das persönliche Nein des Menschen zu Gott in der Sünde ist das Tiefste, von außen schlechterdings Unzugängliche am unheilen Zustand des Menschen. Nicht göttliche Kräfte, sondern nur Gott selbst, unmittelbar und personal, kann hier Hilfe, Erlösung bringen. Gegen Gott richtet sich die Sünde, die Beziehung zu ihm ist zerbrochen – nur er kann sie neu stiften. Was fällig ist, bedeutet Neuschöpfung von Grund auf.

Aus: Gerufen und verschenkt, 185

15. März

Menschen sprechen Gottes Vergebung vollmächtig anderen Menschen zu, weil in ihnen der menschgewordene Sohn Gottes wirkt und sie sendet, bevollmächtigt. In der Tat ist es das Abgründigste und Ungeheuerlichste, was dem Priester gegeben und aufgegeben ist: in Gottes Namen von der Schuld vor Gott loszusprechen, in Gottes Namen Gottes Vergebung zuzusprechen. Nur mit tiefster Scheu und Ehrfurcht vor dem, was zwischen Gott und der Seele eines Nächsten geschieht, kann hier der Priester seines Amtes walten. Nirgendwo ist er so klein, so weit weggerückt von allem eigenen Vermögen wie hier, und zugleich ist er nirgendwo so sehr angefordert und als er selbst in die Gegenwart des Geistes und des Herzens gerufen. Heilige Seelsorger haben nicht umsonst gerade hier, im Dienst der Versöhnung, im Sakrament der Versöhnung, die Mitte ihres Seins und Wirkens gefunden.

Aus: Gerufen und verschenkt, 185f

16. März

Die Welt ist voller Ängste, seit wir die Gottesfurcht vertrieben haben. Hundert und tausend Ängste vor uns und jedermann, vor der Welt und der Zukunft machen uns krank. Frei werden von sich kann nur der, der die Furcht Gottes hat. Diese Furcht ist nicht Angst, die mich zurückbeugt auf mich selber, sondern Annehmen meiner Kreatürlichkeit, Annehmen meiner Abhängigkeit von Gott, Annehmen, dass er groß ist und ich klein bin. Und wenn ich so zu ihm gehe, gerade dann wird jene vollkommene Liebe wachsen, die die Furcht vertreibt und erlöst (vgl. 1 Joh 4,18).

Aus: Das Haus des barmherzigen Vaters, 54f

17. März

Für jeden von uns steht heute ein Kreuz abholbereit. Es muss jedoch heute noch abgeholt werden! Denn sonst holt es uns ab, und dann fühlen wir uns schrecklich bedrückt und niedergeschlagen und merken zudem nicht einmal, dass es das Kreuz war, das uns abholte. Wenn wir aber selbst den Mut haben zum Abholen, dann ist das Kreuz die kostbarste Sache der Welt.

Aus: Im Konkurrenzkampf der Weltanschauungen, 24

18. März

Im Kreuz schenkt Gott seine ganze Liebe auf eine Art und Weise, die sich von keiner Klugheit errechnen und von keiner Gerechtigkeit einfordern lässt.

Aus einem Artikel, 1976

19. März

Immer wieder muss der Mensch seine eigenen Pläne, seinen eigenen Willen lassen und sich für einen neuen Ruf Gottes im Gehorsam öffnen. Immer wieder muss er das, was er in Händen zu haben meint, verlieren, um sich alles neu schenken zu lassen allein von Gott. Immer geht es um jene Armut, die Gefäß ist für Gottes Gabe.

Aus: Sag mir, was du glaubst, 32

20. März

Christliches Dasein *für*, christliche Hingabe ist schon unüberbietbar Gestalt geworden im Kreuz. Der Gekreuzigte ist der Arme, Entäußerte, wörtlich: Leergewordene, der Ausgeteilte für das Leben der Welt. ... Der Gekreuzigte ist der von allen Isolierte, allein dem Vater Zugewandte – und doch fasst er in solcher Einsamkeit das Geschick der ganzen Menschheit zusammen, trägt er uns alle in sich selber und fügt die Menschheit so zur Einheit.

Aus einem Artikel, Mai 1979

21. März

Für Gott ist Jesu Kreuz nicht der Untergang, sondern der Aufgang, der Sieg jener neuen Zukunft, die Er ist und die Er schenkt. Warum? Gott ist in der Geschichte nur da als der Herr, wenn er der Herr des Ganzen ist, wenn er den Widerspruch – Sünde, Tod, Gottesferne – nicht von außen ausschließt und nicht von oben wegdrückt, sondern von innen aushält und ausheilt, von unten auf-hebt. Im Kreuz aber ist der innerste und unterste Punkt der Gottesflucht der Welt und der Menschheit eingeholt im Gehorsam des menschgewordenen Gottessohnes und somit in der Liebe Gottes, der seinen Sohn hingibt für die Welt. Gott erspart nicht seinem Sohn das Kreuz, Gott holt nicht seinen Sohn vom Kreuz, Gott weckt den am Kreuz im Schrei der Gottesverlassenheit Gestorbenen von den Toten auf. Das ist die Ohnmacht Gottes, die stärker, die Torheit Gottes, die weiser ist als die Menschen (vgl. 1 Kor 1,25).

Immer neu müssen wir uns überraschen, einholen und umkehren lassen von dieser anderen Weise, wie Gottes Reich kommt und Gottes Zukunft anbricht: Die Zukunft siegt am Kreuz.

Aus einem Artikel, Oktober 1985

22. März

In seinem Schrei der Gottverlassenheit, in seiner Auslieferung vom Vater an die Gottferne der Welt und in seiner Hingabe aus der Gottferne der Welt an den Vater, in seinem Getrenntsein von allen, das alles in sich selbst zusammenhält: Hier ist Versöhnung, hier ist alles zugleich gegenwärtig. Hier ist die Welt ganz da. Hier ist Gott ganz da. Hier sind alle und ist alles gleichzeitig und vereint. Hier bin ich selber angenommen, ausgehalten, verwandelt, erlöst.

Aus: Gerufen und verschenkt, 19f

23. März

Der Punkt der göttlichen Gottverlassenheit ist der Punkt des Pascha, des Übergangs, ist der Durchbruch, der im Kreuz zu Ostern hin, zur Auferweckung hin geschieht. Der in der Mitte zwischen Gott und Menschen, zwischen dir und mir und allen Getrennten und Isolierten hängt, er tritt österlich als der Lebendige in die Mitte derer, die an ihn glauben, durch verschlossene Türen hindurch (vgl. Joh 20,19); dort hebt er an, die neue, ewige Mitte der erlösten Welt zu sein.

Aus: Gerufen und verschenkt, 20

24. März

Jesus, du hast uns nicht nur ein neues Bild Gottes geschenkt, in dir ist Gott uns neu, in dir ist uns Gott als der, der er ist, aufgegangen. Und so ist alles neu, ist auch die Welt neu. Wo finde ich in dir den „neuen“ Gott und die „neue“ Welt? Wo wird mir mitten in dieser Welt das ungeheuerliche Geheimnis Gottes durch dich und in dir gegenwärtig? – Du weist mich auf dein Kreuz, du weist mich auf deine Wunde, führst mich in den Schrei deiner Gottverlassenheit und in den Schritt deiner Hingabe, die dich hineinführt in die Herrlichkeit des Vaters und als den Verherrlichten dich gegenwärtig sein lässt mitten unter uns: Du führst uns in dein Pascha-Geheimnis. Aber du holst das Kreuz, das auf der Spitze unserer Kirchen und Berge, in der Höhe über unseren Altären schwebt, zugleich herunter und hinein in den Alltag. Nichts kann mir begegnen, was nicht drinnen wäre in deiner liebenden Todeshingabe, in deiner Tod in Leben verwandelnden Erlösungstat.

Aus: Gerufen und verschenkt, 71f

25. März, Verkündigung des Herrn

Maria hat Gott, der auf sie zukam, in sich eingelassen und ihm in sich den Raum gegeben; sie ist auf diesen Gott zu- und mit diesem Gott in ihrem Herzen weitergegangen und hat ihn uns gebracht. …
Maria hat jenes „Spitzengespräch" geführt und sich auf jenes „Gipfeltreffen" der Menschheit eingelassen, in dem die Tür aufgegangen ist: Gott kam auf den Menschen zu, und der Mensch antwortete und ging auf Gott zu. …
Für uns alle ist vielfältig ein solches Spitzengespräch notwendig. Jeder von uns ist die Spitze der Menschheit, in jedem von uns muss etwas geschehen, was nur durch ihn geschehen kann. Gott wartet für diese Welt auf ein Ja von einem jeden von uns: Wenn wir an dem Ort, an dem wir stehen, ja sagen, dann wird es heller werden in der Welt – wenn wir aber dort, wo wir gerufen sind, uns verweigern, dann verschließt sich eine Möglichkeit dieser Geschichte. Jeder von uns ist so Spitze der Menschheit, jeder hat seinen Ruf, und jeder muss für die anderen die Tür, die bereits in Jesus Christus offen steht, aufstoßen.

Aus einem Artikel, 1987

26. März

Überall, wo mir das begegnet, was nicht aufgeht, was nicht mit dir zu tun hat, was in Kontrast und Spannung zu dir steht, in mir und um mich herum und in der großen Welt, überall, wo du also nicht bist, da bist du. Denn da ist dein Kreuz. Und wo dein Kreuz ist, da ist der Vater und der Geist. Da ist deine Liebe, die sich gibt bis zum Äußersten und Gott gibt bis ins Äußerste und Fremdeste hinein. Da bist du als der Sohn, der nicht wie ein Mietling davonläuft, sondern aushält und das Verlorene auf seine Schultern, in sein Herz lädt, um so, für uns „Sünde“ (2 Kor 5,21) und „Fluch“ (Gal 3,13) geworden, es von innen her auszuheilen und in den Schoß des Vaters zurückzutragen. Und überall, wo mir Trennung, Spaltung, Uneinheit, Bruch begegnen, da ist dein Kreuz und in deinem Kreuz die Möglichkeit, ja die Wirklichkeit der Einung, der Versöhnung. Wo ein unüberbrückbarer Zwischenraum aufklafft, da steht dein Kreuz, und so wird dieser Zwischenraum zum Raum, der deine österliche Gegenwart in unserer Mitte erwartet.

Aus: Gerufen und verschenkt, 72

27. März

Nur der in die Gottverlassenheit am Kreuz und in das sterbende Verstummen hineingespannte Sohn sagt, zeigt, was der Mensch ohne Gott, getrennt von Gott ist. Nur indem *das* Wort, in welchem wir geschaffen sind, uns anzieht, sich uns leiht und schenkt, damit wir in ihm uns dem Vater sagen können, ist wahrhaft gesagt, was wir vor Gott zu sagen haben. Erst indem wir Jesus Christus als unser Wort mitbringen können, gelingt Umkehr bis in den Grund. Er, der in unsere Sündengestalt Entäußerte, ist das einzige Wort, das vollmächtig und vollgültig unsere Ohnmacht in den Vater hineinzusagen vermag.

Aus: Gerufen und verschenkt, 86

28. März

Persönlich habe ich erfahren, dass ich nicht in erster Linie Priester bin und dann nachher auch noch das Evangelium zu leben habe. Nein, die Sache ist genau umgekehrt: Ich bin Christ, bin zum Evangelium berufen, und nur weil ich es ganz und radikal leben will, nur weil ich als Berufung Gott selbst habe, nur deshalb kann ich ein Zeuge für diese Wahrheit, kann ich Priester sein und das Evangelium verkünden. So darf ich nicht das Priestertum erwählen, sondern Gott allein, der die Liebe ist. Deshalb muss ich auch mit einem Ja, mit einem Danke auf das Kreuz zugehen, wie es jeden Tag auf mich zukommt.

Aus einem Vortrag, 27.8.1969

29. März

Wenn die Jünger in Jesus den großen und mächtigen Gott oben sehen, finden sie ihn nicht. Sie müssen ganz zum Boden sich bücken, sie müssen hinunterschauen in den Staub; dort ist Jesus, der den Seinen die Füße wäscht. Hingabe, Erniedrigung, Dienst, Ernstnehmen der Banalität menschlicher Bedürfnisse, Kleinwerden, Verzicht, Härte des Sich-Verausgabens, Unscheinbarsein, Verborgensein, alles das, was nicht mit göttlichem Glanz zu tun hat, ist der Glanz des wahren Gottes, ist der innerste Inhalt unserer Gottesverehrung, ist Eucharistie.

Aus der Gründonnerstagspredigt 1993

30. März

Der Evangelist Johannes spricht von der Eucharistie in seinem großen Kapitel vom Lebensbrot, aber er erzählt nicht die Einsetzung des Altarsakramentes, sondern statt dessen die Fußwaschung. ... Wir können Eucharistie nicht verstehen in ihrer Tiefe, wenn wir sie nicht lesen von der Fußwaschung her. Und das heißt: Der Überstieg des Menschen zu Gott, die Anbetung Gottes ist das Annehmen und Wahrnehmen des Abstieges Gottes und die Bereitschaft, diesen Abstieg mit ihm zu wagen und zu tun.

Aus der Gründonnerstagspredigt 1993

31. März

Als der Auferstandene lebt Jesus beim Vater und lebt er in unserer Mitte. Was ein für allemal im ersten christlichen Osterfest geschehen ist, ist nicht nur ein Datum, dessen Gedächtnis fortdauert im weiteren Gedächtnis der Geschichte. So oft wir im von ihm gestifteten eucharistischen Mahl uns zu seinem Gedächtnis versammeln, tritt die neue österliche Wirklichkeit in unsere Wirklichkeit ein und verwandelt sie. Sein Opfer, seine Hingabe für uns an den Vater geschieht unter uns, und er als der Verherrlichte wird gegenwärtig, durchdringt uns.

Aus einem Vortrag, 17.11.1978

Leben mit einem, der lebt

1. April

Ostern ist der radikale Fall des Glaubens. Hier geht ein Mensch wirklich bis ins Äußerste und Letzte, hier gibt er leibhaftig sein eigenes Dasein und sein eigenes Menschsein in die Hände Gottes hinein. Hier schreckt er nicht zurück vor dem Selbstverlust in der äußersten Verlassenheit von Gott und in der äußersten Verkanntheit von den Menschen, im Zertretensein wie ein Wurm und im Ausgespanntsein zwischen Himmel und Erde. Hier ist es wirklich aus mit dem Menschen. Aber dieses Aus-Sein und Zu-Ende-Sein des Menschen sagt, von sich wegsterbend, noch ein Wort: „Vater, in deine Hände empfehle ich meinen Geist" (Lk 23,46). Hier ist das Nichts des Menschen wirklich wieder zu jenem Nichts geworden, das sich nicht festhält, sich nicht von sich her Gott in den Weg stellt, sondern vor ihm nur dieses eine ist: nichts. Darum kann Er, der aus dem Nichts die Welt erschaffen hat, neu Dasein und Menschsein schaffen. Der Gekreuzigte wird durch Gottes Macht von den Toten erweckt und erhöht in die Herrlichkeit Gottes.

Aus einer Radioansprache, Ostern 1970

2. April

Ostern ist das Fest der offenen Tür. Durch die Mauer unserer Schuld, unseres Todes, unserer Einsamkeit ist der Herr hindurchgeschritten und hat uns die Tür in Gottes Zukunft für immer aufgetan. Durch die verschlossenen Türen unserer Angst und Ohnmacht ist er in unseren Lebensraum eingetreten und bietet uns immer neu an, mit ihm zu leben. Seine Liebe, sein Friede haben zugleich die Türen geöffnet zwischen den Menschen. Wo wir in seinem Namen geeint sind, ist Er unter uns.

Osterbrief 1980

3. April

Oh, ein Licht mit Nägeln!
So das Kind vor der brennenden Osterkerze.
Die Nägel spüren wir.
Sehen wir das Licht? Sind wir Licht?
Wir sind angenagelt: an uns selbst und an andere,
an unsere Zeit und an unsere Verantwortung.
Einer hat sich annageln lassen an unser Kreuz.
Und er ist nicht von ihm heruntergestiegen.
Angenagelt bis in den Tod.
So ist er das Licht geworden,
das durch verschlossene Türen dringt.
Er ist auferstanden – und zeigt die Male der Nägel.
Genageltes Licht.
Die Nägel spüren wir.
Sehen wir das Licht? Sind wir Licht?

Osterbrief 1984

4. April

Ich wünsche uns Osteraugen,
die im Tod bis zum Leben,
in der Schuld bis zur Vergebung,
in der Trennung bis zur Einheit,
in den Wunden bis zur Herrlichkeit,
im Menschen bis zu Gott,
in Gott bis zum Menschen,
im Ich bis zum Du
zu sehen vermögen.
Und dazu alle österliche Kraft!

Ostern 1993

5. April

Wenn das Leben Jesu, wenn zumal das Kreuz Geschichte Gottes mit Gott ist, Geschichte der Liebe, die Gott selber ist, dann gehört es zur Logik dieser Geschichte, dass sie am Kreuz nicht endet. Wir sind am Kreuz hineingeliebt in die Liebe, die Gott ist, hineingeliebt in sein Leben – und dieses Leben wird an Ostern offenbar. Jesu gehorsame Übernahme unseres Todesschicksals kann vom Vater her keinen anderen Sinn haben als: Liebe des Vaters zum Sohn – und auch dies wird an Ostern offenbar. Ostern ist der Beweis, dass die Mitte, die zum Rand kommt, am Rand nicht untergeht, sich am Rand nicht verliert, sondern den Rand mit sich beschenkt, zu sich heimholt und so noch herrlicher als Mitte aufgeht. Es gibt nun keinen Punkt am Rand mehr, der nicht von der Mitte erfüllt wäre.

Aus: Der Himmel ist zwischen uns, 32

6. April

An Ostern ist nicht nur etwas mit Jesus geschehen, sondern auch etwas mit uns. Weil er zum Vater auferstanden ist und in unserer Mitte lebt, spielt er selber mit auf unserem Spielfeld, haben wir zwischen uns den Einen, um den es uns in Wahrheit allein gehen kann. Sicher, er ist zum Vater heimgekehrt, um uns dort eine Wohnung zu bereiten. Wir sind noch nicht in dieser Wohnung, die Vollendung der Geschichte steht noch aus. Aber – so dürfen wir das Wort des Kolosserbriefes umkehren – Christus, die Hoffnung auf unsere Herrlichkeit, ist in unserer Mitte. Die Zukunft hat in ihm angefangen, ohne dass sie aufhört, Zukunft zu sein. Doch das, was unsere Gegenwart und unsere Zukunft miteinander verbindet, ist nicht ein Etwas, sondern ein Er.

Aus: Der Himmel ist zwischen uns, 44

7. April

Der Mensch ist gerufen, indem er geschaffen ist. Dies ist das Eigentümlichste, Besondere an ihm, an seiner Erschaffung: *gerufen sein*. Alles, was ist, hat Gott ins Dasein gerufen. Aber dieser Ruf Gottes wird im Dasein der Dinge, der Pflanzen und Tiere nicht offenbar, er kommt nicht *als* Ruf an. Er wird nur blind, stumm und taub durch das Dasein dessen ausgeführt, was nicht selber verlauten, nicht selber antworten kann. In Adam aber ruft Gott ein Wesen so, dass er selbst als der Rufende ihm offenbar wird und dass darin der Ruf offenbar wird als der Sinn und das Fundament des Daseins für den in dieses Dasein Gerufenen.

Aus: Gerufen und verschenkt, 28

8. April

Immer ist Berufung dazu da, dass Gemeinschaft neu werde, Gemeinschaft gegründet werde. Nie ist einer für sich berufen, sondern immer geschieht Berufung für den Dienst an den anderen, am Ganzen. Gott beansprucht Menschen für sich, indem er sie beansprucht für sein Volk, für die anderen.

Aus: Gerufen und verschenkt, 31

9. April

Wo Gott ruft, da geht es nicht einfach weiter, da werden nicht einfach Bedürfnisse abgedeckt, sondern da wächst neues Leben. Und es geschieht nicht eine durch Gottes Eingriff allenfalls verstärkte und begünstigte Konsequenz mitgebrachter Möglichkeiten des Menschen, sondern es geschieht das Verschenken der mitgebrachten Möglichkeiten, die Annahme der eigenen Grenze aller Möglichkeiten, damit Gott das menschlich Unmögliche wirklich werden lassen kann. Ruf hat wesenhaft mit dem Gott zu tun, der aus dem Nichts das Etwas schafft. Im Ruf verknoten sich Schöpfungsgeschichte und Heilsgeschichte.

Aus: Gerufen und verschenkt, 31f

10. April

Menschsein heißt Gerufensein. Das Gute ruft uns, und nur in diesem Ruf, im Ankommen dieses Rufes sind wir frei zu antworten. Und das ist die Würde des Menschen, antworten zu können, verantwortlich zu sein.

Aus: Gerufen und verschenkt, 44

11. April

Du bist nicht nur ein Knäuel von Zufälligkeiten, du bist nicht nur der zu diesem oder jenem Leben Verurteilte, du bist nicht nur glücklich unter der Bedingung, dass du dies oder jenes um jeden Preis erreichst; nein, du bist gerufen, gewollt, geliebt – und wo dies bei dir ankommt, da wirst du frei, denn frei sein heißt, frei sein zu antworten. Den Ruf finden und die Antwort finden, das heißt die Freiheit finden, das heißt sein eigenes Menschsein finden.

Aus: Gerufen und verschenkt, 46

12. April

Nur der wird den großen Ruf seines Lebens hören und ihm treu bleiben, der die kleinen Rufe des Alltags auch wahrnimmt. Was willst du jetzt von mir? Wie kann ich jetzt in deinem Willen leben? Gerade der Umgang mit dem Wort Gottes als einem Wort, das immer neu nicht nur mich beschenken und mich trösten, sondern auch mich fordern darf, so dass es in mir Lebensgestalt wird, befähigt dazu, dass der große, einmalige, personal auf mich zugeschnittene Ruf in mir Macht gewinnen kann.

Aus: Gerufen und verschenkt, 48

13. April

Ruf stellt nie auf ein Podest;
Ruf macht nicht groß,
sondern klein.
Ruf schickt fort.
Gott braucht für seine Kirche
nicht die Großen,
sondern die Kleinen,
und jeder, der seinen Ruf versteht,
wird klein werden
und Freund der Kleinen.

Aus: Gerufen und verschenkt, 49

14. April

Berufung kann nur wachsen, wo Einheit, gegenseitige Liebe gelingt. So oft fehlt es am Netz der Liebe, der Kommunikation, am konkreten Miteinander, in welchem der Einzelne den Herrn in der Mitte und sich selbst auf seinem Platz beim Herrn und im Ganzen finden kann. Wo das Netz lose und schlaff wird, da fallen jene hindurch, die es auffangen will. Wir brauchen das dichte Netz derer, die an Gottes Ruf glauben, damit Ruf lebbar und auffindbar wird.

Aus: Gerufen und verschenkt, 49

15. April

Berufung ist persönlich, einmalig. Aber sie ist Berufung zur Gemeinschaft. Jene, die Jesus nachfolgen und ihm angehören, gehören zusammen. Er sammelt Jünger. Er verbindet sie in eine neue Einheit hinein. In der Härte des Urtextes heißt es im Blick auf die Apostel: „Und er machte zwölf, damit sie mit ihm seien und damit er sie aussendet, zu predigen und Vollmacht zu haben, die Dämonen auszutreiben; und er machte die zwölf …" (Mk 3,14-16). Noch im selben Kapitel wird berichtet, wie jene, die an ihn glauben, die sich in seinem Wort versammeln, um Gottes Willen zu tun, seine neue Familie, Bruder, Schwester und Mutter für ihn sind (vgl. Mk 3,31-35). Das Lebensgesetz der von ihm versammelten Gemeinschaft, das Neue seiner neuen Familie, das Kennzeichen der Jünger ist jenes Kleinsein, jene Demut, jene Haltung des Dienstes und der Liebe, die sie eins sein lässt (vgl. Mk 9,33-37; 10,41-45).

Aus: Gerufen und verschenkt, 186

16. April

Es gehört zu Jesu ureigenem Tun, dass er zusammenführt, sammelt, Gemeinschaft bildet, Communio stiftet. Zuletzt und zutiefst geschieht dies in seiner dienenden Hingabe des eigenen Lebens als Lösegeld für die Vielen (vgl. Mk 10,45), die gegenwärtig wird im Bundes- und Opfermahl, in der Eucharistie (vgl. Mk 14,17-25). Gemeindebildung, Sammlung und Einung derer, die Jesu Namen tragen, zum gemeinsamen Sein und Tun, zur einen Heilsgemeinde und zum gemeinsamen Heilsdienst sind nicht Zusatz zu einer dem Einzelnen zugewandten Pastoral; Predigt und Ruf, Befreiung von der entfremdenden Übermacht des Bösen, von Krankheit und Schuld, entreißen den Menschen der Isolierung, setzen ihn nicht nur in Kontakt mit Gott, sondern auch in Gemeinschaft mit den anderen. Communio ist die Daseinsweise der Erlösten; Dienst an der Erlösung ist Dienst zum Aufbau der Kirche; und Dienst zum Aufbau der Kirche ist Dienst an der Erlösung.

Aus: Gerufen und verschenkt, 186f

17. April

An Abraham wird sichtbar, was Glaube heißt: dass der Mensch die gängigen Horizonte der Geborgenheit und Überschaubarkeit seines Daseins durchbricht, dass er sich betreffen lässt von einem Anruf, der ihm seine eigenen Pläne und Wünsche durcheinanderwirbelt, der ihn herausbricht aus dem Gefüge der Bindungen und Erwartungen, aus denen menschliches Dasein im Allgemeinen und Durchschnittlichen sich fügt. Der Mensch wird von Gott zum Aufbruch in ein unbekanntes Land, in eine ungewisse und unverfügbare Zukunft gerufen. Dieser Ruf wird im Menschen stärker als alles andere, er übermächtigt ihn, und gerade darin vollendet sich doch die menschliche Freiheit. Was der Mensch ist, wird im Grunde erst offenbar, wo er aufbricht über sich selbst hinaus, aufbricht nicht in der Laune und Lust am unverbindlichen Abenteuer, nicht in der Verbissenheit eines eigensinnigen Erreichenwollens, nicht im Größenwahn absolut gesetzter persönlicher Ideen, aufbricht vielmehr in einem Gehorsam, der ihn als ganz klein, als ganz ausgeliefert und zugleich als ganz frei erscheinen lässt.

Aus einer Radioansprache, Ostern 1970

18. April

Im ganzen Alten Testament begegnen wir immer wieder demselben Rhythmus menschlicher Existenz, die sich im Glauben an Gott ausliefert. Der Mensch wird an die Grenze, ans äußerste Ende seiner Möglichkeiten gestellt, dorthin, wo er nichts mehr vermag, dorthin, wo er preisgegeben ist. An dieser Grenze gilt es, ja und du zu sagen in das Dunkel hinein, das sich immer neu als das Antlitz des rufenden, liebenden, handelnden Gottes erweist. Darin geschieht mit dem Menschen etwas Eigentümliches: Er erfährt seine eigene Endlichkeit, seine radikale Nichtigkeit aus sich selbst. Aber indem er dieser Endlichkeit und dieser Nichtigkeit nicht ausweicht, sie nicht verschleiert und verdrängt, wird diese Endlichkeit der Anfang von Unendlichkeit, der Anfang eines Lebens ohne Maß und Grenze, der Anfang jener Erfüllung, auf die hin er angelegt ist und ohne deren leuchtendes Maß, das ihm schon immer insgeheim zuwinkt, er seine eigene Endlichkeit, sein eigenes Nichts überhaupt nicht empfände.

Aus einer Radioansprache, Ostern 1970

19. April

Abraham hat nicht *für sich* geglaubt. Was ihm geschenkt wurde, ist größer als privates Glück. Stammvater sein, Eröffnung der Zukunft eines Volkes und vieler Völker, Durchbruch für die weitere Geschichte sein, in anderen und für andere dasein, Ausweitung des eigenen Lebensraumes in die Geräumigkeit des Volkes und der Menschheit hinein, das gehört bei Abraham und gehört immer und immer wieder im

Alten Testament zu dem Rhythmus des Glaubens. Gott handelt, wo einer glaubt und indem einer glaubt, an *ihm*, aber an ihm für die Welt und so an der Welt selbst. Der Glaubende ist in seiner ganz persönlichen Entscheidung jeweils die Spitze, an der ein geschichtlicher, ja menschheitlicher Zusammenhang an Gott heranreicht, oder besser: von Gott berührt, befruchtet, verwandelt wird. Wo Glaube geschieht, geschieht etwas von Gott her.

Aus einer Radioansprache, Ostern 1970

20. April

Glauben heißt *nach* Jesus Christus: sich einlassen auf das, was von Gott her mit dem Menschen in Jesus Christus geschehen ist. Es ist vielleicht die tiefste Annahme unserer eigenen Endlichkeit, vielleicht die härteste Desillusionierung unseres Dünkels und unserer Selbstsicherheit, wenn wir damit rechnen sollen, dass die entscheidende Tat Gottes nicht an uns, sondern an einem anderen und an diesem anderen maßgeblich und unwiderruflich und unvertauschbar für uns geschehen ist. Und gerade wer das annimmt, gerade wer es sich gefallen lässt, nicht sein eigener Erlöser und nicht der entscheidende Punkt in der Weltgeschichte oder auch nur in der Geschichte seines eigenen Lebens zu sein, gerade der wird in einem so radikalen Sinn von sich selbst frei, dass Gott Erfüllung, Zukunft, Leben an ihm wirken kann.

Aus einer Radioansprache, Ostern 1970

21. April

Wir sind Brückenwesen,
ausgespannt von der Unendlichkeit
bis in den Staub.
Nur in dieser Spannung sind wir Menschen.
Sie ist aber nur auszuhalten,
weil es den Einen gibt,
der Gott und Staub ist:
Jesus Christus.
Er ist der Christ.
Er sendet uns,
er lebt in uns.
Er kommt in jedem Einzelnen zu uns.

Aus einem Artikel, 1980

22. April

Im Praesens der liebenden Hingabe
bezeugt der Christ das Perfectum
der ein für allemal geschehenen Hingabe Jesu
und zugleich das österlich angebrochene
Futurum des Gottesreiches.

Aus einem Artikel, Mai 1979

23. April

Der Mensch will autonom sein. Er möchte sein Leben selbst in der Hand haben. Er ist allenfalls bereit, gewisse Kompromisse zu schließen, damit andere auch leben können. Aber im Grunde steht sein Leben sich selbst im Weg. Diese dem

menschlichen Leben innewohnende Dialektik, *er selbst* zu sein, obwohl er nicht *aus sich selbst* ist, halte ich für ein Grundproblem des menschlichen Daseins.
Sieht nicht alles ganz anders aus, wenn mein Selbstsein ein Gerufensein ist? Ich bin ins Dasein gerufen, ich bin erwählt. Was mir geschenkt worden ist, ist zugleich ein Ruf der Liebe an mich. Und so ist das, was mir gegeben ist, was ich schon vorfinde, was nicht ich gemacht habe, gleichzeitig das, was es mir ermöglicht, ich selbst zu sein. Wenn ich mich in diese dialogische Beziehung hineinbegebe, bin ich zugleich von mir selbst befreit, ich brauche nicht nur für mich selbst da zu sein. Ich kann für die anderen und mit den anderen leben. Mein Dasein hat eine dreifache Dimension: *Ich bin mir selbst gegeben; ich bin ich selbst; ich bin mit den anderen.*

Aus: Dreifaltigkeit, 122f

24. April

Es gibt wohl kein problematischeres Wort in der Menschheitsgeschichte als das Wort „ich“. Selber Gott sein wollen, sich Gott nicht zutrauen und anvertrauen – unzählige Wirrungen und Katastrophen sind daraus erwachsen. Nur sich suchen oder sich nicht finden, weil kein Grund sich findet, der das Ich trägt, diese beiden Unformen von Ich-Fixierung und Ich-Verlust fangen oftmals im Kleinen und Unscheinbaren an. Wie rasch sind wir dabei, bei allem, was geschieht, bei allem, was gut ist, den bitteren Nachsatz zu sagen oder zu denken: „Und ich?“! Oft genug sind wir wie die Kinder, die bei der Verteilung der Schokolade anstehen und sich entweder vordrängen oder enttäuscht zurückbleiben: „Und ich?“ Es ist keineswegs verboten, Interessen zu haben, und eine absolute

Selbstlosigkeit kann es gar nicht geben. Ich kann gar nicht anders, als, das Gute wollend, auch mich selber als gut und als heil zu wollen. Doch wo die Sorge um mich selber mich gefangen nimmt, wo sie das Prinzip, das Einzige, das zumindest Leitende wird, da bringt dieses Ich mich selbst und die Welt in Unordnung.

Aus: Gerufen und verschenkt, 59

25. April

Adam hat gesündigt. Er verbirgt sich vor Gott, und Gott ruft ihn: „Adam, wo bist du?" (vgl. Gen 3). Adam aber kommt nicht aus seinem Versteck, sondern er zieht sich zurück, er will dem ihn entdeckenden und fordernden Ruf entgehen.
Die Geschichte mit Adam ist … die Geschichte mit einer Berufung, die zerbrochen ist. Ja, die Erschaffung des Menschen schloss eine Berufung in sich. Nun aber, da der Mensch sich nach seinem eigenen Plan und Willen sein Leben gegen Gottes ursprünglichen Ruf zurechtmacht, kommt diese Berufung über ihn wie ein Gericht. Und dabei hatte diese Berufung dem Menschen den Weg eröffnen wollen, auf dem Gottes Ruf Weg auch für die anderen, Weg zu den anderen aus Gottes Ruf wäre.

Aus: Gerufen und verschenkt, 27

26. April

Wenn ich mich radikal einem Einzigen zur Verfügung stelle, wenn ich auf einen allein baue, wenn ich die „Verrücktheit" habe, zu glauben, dass ich endliches Wesen mich auf den unendlichen Gott direkt einlassen kann, dann hat das Folgen für mein endliches Haben und Nichthaben, für meine endliche Selbstverfügung oder Nicht-Selbstverfügung, für meine endliche Geborgenheit oder Nicht-Geborgenheit. Dann wirkt sich das auf alle Fälle in die Dimensionen hinein aus, in der so „verrückte" Worte wie „Armut", „Ehelosigkeit" und „Gehorsam" ihren Sitz haben.

Aus einem Vortrag, 31.12.1969

27. April

Ruf und zerbrochener Ruf, das steht am Anfang der Menschheitsgeschichte.
Aber die Heilsgeschichte ist mit dem Fall Adams nicht zu Ende. Es entspricht ihrer inneren Logik, dass sie insgesamt Berufungsgeschichte ist. Wir können im Alten Testament in allen Etappen dem Menschen nachgehen, der seine Geschichte mit Gott hat, und immer wieder werden wir ihn entdecken als einen Gerufenen. Immer neu macht Gott Anläufe, um dieses Nein des Menschen zu seinem Ruf aufzubrechen, um seinem Rückzug auf sich selbst eine Wende zu geben, hin zur Begegnung, um ihn herauszuholen aus seinem Versteck hinter der Fassade der eigenen Selbstherrlichkeit oder der Hoffnungslosigkeit. Es geht Gott darum, dass sein Ruf bleibe und so der Mensch bleibe, der Mensch als Gerufener und Antwortender. Gerufen sind Noach und Abraham, Mose und Samuel, Saul und David; Prophetengeschichte ist Berufungsgeschichte. In allen diesen Gestalten will Gott der Geschichte der Menschheit und der Geschichte Israels einen neuen Anfang, einen neuen Sinn geben: Mensch sein aus Gottes Ruf.

Aus: Gerufen und verschenkt, 28f

28. April

Die Bergpredigt, die acht Seligkeiten fangen nicht erst irgendwo draußen außerhalb der Laufbahnen unserer Berufe und Terminpläne unseres Alltags an. Das Feld der Seligkeiten ist hier, die Stunde unserer Seligkeit ist heute.
Selig, wer gerne gibt und verzichten kann.
Selig, wer den Schwierigkeiten und Dunkelheiten des Lebens nicht ausweicht, sondern sein Kreuz mutig anpackt.
Selig, wer gelassen bleibt und freundlich, wenn der andere ihm etwas will.
Selig, wer sich nicht zufrieden gibt mit Halbheiten und trotz aller Enttäuschungen auf dem Weg der Nachfolge bleibt.
Selig, wen die Not seines Nächsten bewegt, wer Herz und Zeit für den Menschen nebenan hat.
Selig, wer klar bleibt und lauter und durchsichtig entgegen aller Macht der Verführung.
Selig, wer sich die Hände schmutzig macht mit der Not seines Nächsten und dazu beiträgt, Spannungen und Konflikte von innen her zu lösen.
Selig, wer nicht feige ist und Angst vor dem Widerspruch überwindet.

Aus einer Predigt, 1.11.1979

29. April

Die Knospe bricht von innen her auf, wenn ein Lichtstrahl sie lockt. Wir müssen von innen her aufbrechen. Wir brauchen einfach trotz all unseres Ausgelaugtseins und Müdeseins den Raum, in dem sich Gottes Wort und unsere erste Liebe, in dem sich die Erfahrung unserer Erbärmlichkeit und die

Zusage des göttlichen Erbarmens zugleich entfalten können. Wir brauchen Innenraum, damit ein Strahl des Evangeliums uns aufbricht und damit so wir selbst aufbrechen, das geben und schenken, was in uns ist, auch wenn oft wir selber meinen, leer zu sein.

Aus einem Brief, Dezember 1980

30. April

Wie Licht nicht sein kann, ohne sich zu verstrahlen, Quelle nicht sein kann, ohne sich zu verströmen, so kann Glaube nicht sein, ohne sich mitzuteilen, sich zu eröffnen. Das führt nicht in eine äußere Hektik des Evangelisierens, sondern in eine Offenheit, die sich diskret aussetzt und hinhält, die aber auch in unprätentiöser Redlichkeit und Lauterkeit bereit ist zum Bekenntnis in Tat und Wort. Die meine „Privatüberzeugung" abschirmende Selbstbezogenheit und die konfessorische Aufdringlichkeit sind gleich weit von solcher Haltung entfernt.

Aus einem Vortrag, 2.6.1991

Marienmonat / Ehe und Familie

1. Mai

Innerer und äußerer Austausch der Güter und der Nöte, Transparenz der Arbeit und der Verhältnisse, des Leistens und Leidens auf den Stellenwert für die anderen und fürs Ganze hin werden immer breiter und immer radikaler zur Bedingung für die Menschlichkeit der Gesellschaft und ihrer Strukturen. Das erdrückende „Es“ muss aufgeschlossen, muss „getauft“ werden aufs Du und aufs Wir hin. Verordnen und erzwingen kann man das nicht. Menschlichkeit der Gesellschaft durch nur verordnete Strukturen – das schlägt um zur Unfreiheit eines neuen Totalitarismus. Menschlichkeit ist nicht „machbar“. Aber um so dringender tut das Zeugnis, tut das konkrete, freie „Anfangen“ mit dem Leben der neuen Menschheit not. Diese lässt sich hier und jetzt nicht vollenden, aber sie lässt sich hier und jetzt beginnen.

Aus: Im Konkurrenzkampf der Weltanschauungen, 61f

2. Mai

Geschichte Gottes wächst nicht aus den ausgenützten Möglichkeiten des Menschen, sondern aus den verschenkten Unmöglichkeiten des Menschen. Der Sohn Gottes nimmt Fleisch an aus Maria der Jungfrau. Der Vater bewahrt ihn nicht vor der Katastrophe des Kreuzes, sondern erweckt ihn aus dem Tod. Und der Geist kommt über jene Jünger, die gerade eben noch verängstigt geflohen sind und auch vor der Himmelfahrt Jesus noch nicht verstanden hatten. Glaubende sind Menschen, die tun, was sie nicht können.

Aus einem Artikel, Mai 1979

3. Mai

An Maria geschieht nicht nur ein privates und vereinzeltes Geschick, sondern das Geschick der Menschheit. Ihr Ja mit Jesus zum Vater ist zugleich das Mitsprechen des Ja von Jesus zu uns. Das Johannesevangelium berichtet uns von der Überantwortung der Mutter Jesu an den Lieblingsjünger, von der Übergabe des Jüngers an Jesu eigene Mutter (vgl. Joh 19,26f). Das „vertikale" Ja Mariens im schweigenden Loslassen des geliebten Sohnes an den Vater bedeutet in der Horizontalen zugleich die Annahme des Jüngers an Sohnes Statt. Ihr Dasein hat keinen anderen Sinn mehr, als dazusein für die, für die der Sohn sterbend da ist. Ihre mütterliche Beziehung zu Jesus wird mütterliche Beziehung zu jenen, in denen er, in deren Mitte er lebendig bleiben will.

Aus: Offene Weltformel, 100f

4. Mai

Überall, wo Einheit wachsen soll, geht es darum, durch die sich selbst loslassende Bereitschaft für Gott in sich Platz zu schaffen für ihn und für die Vielen, ihn und somit die anderen, die Vielen, Inhalt des eigenen Lebens sein zu lassen. Soll Einheit wachsen, so wird sie nur wachsen in meiner Leere von mir selbst. In dieser Leere können die anderen sein, was sie sind, sind sie angenommen und ausgetragen vor Gott. Dienst an der Einheit besteht immer darin, dass ich vom Nullpunkt meiner selbst aus mit ihr anfange, sie schenke und stifte, sie „schaffe“, nicht als einer, der sie erzwingen, machen, herstellen könnte, sondern als einer, der „mütterlich“ in seiner grenzenlosen Bereitschaft ihr den Boden bereitet, in dem sie von Gott gewirkt und geschaffen werden kann.

Aus: Offene Weltformel, 101f

5. Mai

Gott muss sich nicht nach außen verschenken,
Gott muss nicht eine Welt schaffen, die nicht Gott ist,
damit er Liebe sei.
Nein, er ist in sich selber Liebe.
Die beiden Dinge, die wir nie zusammenbringen,
sind in ihm eins:
Ruhe und Aufbruch,
Sammlung und Beziehung,
Bleiben in sich und personale Zuwendung.
Vielleicht dürfen wir es mit der kühnen Formel fassen:
Wenn Gott ich sagt, sagt er auch schon du –
und das ist kein zweites Wort, sondern dasselbe,
ein Wort, in dem er sich ausspricht.
Und dieses Ich und Du in ihm
sprechen sich gegenseitig an, sagen zueinander du,
sind gegenseitig Geschenk und Zusammenklang,
und dieses Geschenk ist der Dritte, der Geist.

Aus: Dreifaltigkeit, Geheimnis der Nähe, 14

6. Mai

In mir ist eine Quelle.
Der Geist selbst hat in mir eine Quelle gegraben,
die verschüttet sein mag,
die aber kräftiger ist als alles,
was sie zu verdecken und zu ersticken droht.
Aus der Quelle leben,
indem ich selber versuche,
Quelle zu sein für andere!
Ich kann jeden Tag Zuversicht geben –
und wenn so aus meiner Quelle
lebendiges Wasser entspringt,
habe ich selbst das Wasser,
das ich zum Leben brauche.

7. Mai

Dies ist das Kennzeichen des Geistes: Er ist die Liebe, mit welcher der Vater den Sohn und der Sohn den Vater liebt – und deswegen tritt nicht der Geist *anstelle* des Vaters oder des Sohnes hervor, sondern *im* Geist gehen uns der Vater und der Sohn auf. Wir haben den Geist Jesu empfangen, und nur in diesem Geist können wir gewahren: Jesus, der Herr, er selbst, er als Person ist mitten unter uns. Und er, dieser gegenwärtige Herr, ist der Allmächtige. Er wirkt unter uns, in ihm können wir die Werke tun, die er selber getan hat, ja noch größere Werke als er (vgl. Joh 14,12).

Aus: Der Himmel ist zwischen uns, 45

8. Mai

Kinder haben die merkwürdige Macht, die Fremde und Stummheit in unserer Gesellschaft zu durchbrechen und das Netz einer Beziehung zu knüpfen, ganz einfach durch ihr Dasein.
Kinder gehören zu ihren Eltern, zu ihrer Familie, aber zugleich gehören sie zu uns, zu allen. Sie sind sozusagen ein „gemeinsames Gut". Irgendwie gilt für Kinder allgemein, gilt für jedes Kind, was der Prophet von *einem* Kind verkündete: „Ein Kind ist uns geboren, ein Sohn ist *uns* geschenkt!" (Jes 9,5). Kinder sind Geschenke, Geschenke an uns, an alle. Was ist uns in ihnen geschenkt? Antwort: die Zukunft. Schon äußerlich stimmt es: Wenn es keine Kinder gäbe, dann hätte die Menschheit keine Zukunft. Aber unsere Antwort hat noch eine tiefere Schicht. Unwillkürlich erfahren wir das Kind wie eine Verheißung, wie die Morgenröte einer erhofften besseren Zukunft.

Aus einem Brief, Weihnachten 1985

9. Mai

Ehepartner sind nicht zum kleinen Glück zu zweit, zu dritt oder zu viert berufen, sondern zum ganzen Glück. Nur wenn ich zu dem berufen bin, der allein das ganze Leben und allein das ganze Glück ist, also zur ganzen Liebe, bin ich überhaupt in der Lage, einem anderen Menschen gerecht zu werden. Sonst betrüge ich ihn um das, was ich ihm eigentlich schenken soll. Ich schenke ihm bloß meine guten Eigenschaften, meine erotische Erfüllung oder auch nicht, mein Bemühen, nett zu ihm zu sein, kurz: was ich von mir aus kann. Jeder

Mensch weiß, wenn er nüchtern und real genug ist, dass er die Enttäuschung seines Partners ist. Wenn er dem anderen aber wirklich alles schenkt, nämlich Gott selber, dann hat er die Sehnsucht wahr gemacht, die diese zwei Menschen zueinander geführt hat. Dann können sie einander auch alles andere schenken.

Aus einem Vortrag, 27.8.1969

10. Mai

Die Ehe ist die Wirklichkeit, in der zwei Menschen auf eine ganz besondere Weise einander nahe sind und sich begegnen; durch ihren nüchternen und schlichten Alltag, eben wie eine Familie leben muss, werden sie dann herausgefordert, einander mehr zu schenken als das, was sie zunächst zusammengeführt hat. Das erklärt auch, warum die Ehe ein Sakrament ist. Etwas Ganzes muss geschenkt werden, nämlich Gott selbst. Gott, aber nicht als zweites Stockwerk in der Ehe, als ein Zusatz, als etwas Artfremdes. Vielmehr wird gerade das Menschliche, das in der Ehe zum Durchbruch kommt, verwandelt, transparent, wird Sakrament, so dass sich das totale Leben des dreifaltigen Gottes ereignen kann. Dieses Sakrament kann man sich weiterschenken durch den Alltag, der immer heißt: Sterben und Auferstehen. Das bedeutet keine Entwertung der Leibhaftigkeit, keine Abwertung des Eros, kein Verachten der Diesseitigkeit. Es ist vielmehr die Erlösung des Menschlichen am Menschen. Dass ich ganz Mensch sein darf, ohne mich behaupten zu müssen, das wird zum Inhalt der Ehe.

Aus einem Vortrag, 27.8.1969

11. Mai

Die Ehe ist eine Schule der Liebe, weil sie den ganzen Menschen fordert. Wer verheiratet ist, weiß, dass er sich nicht nur in intellektuellen Theorien ergehen kann, sondern dass er bis in die Zehen- und Fingernägel hinein gefordert ist, dass er leibhaftig dasein muss. Wenn er den anderen ernst nimmt, erfährt er aber auch, dass es nicht genügt, bloß leibhaftig da zu sein, sondern dass er bis in die tiefste und bis in die innerste Radikalität seines Herzens, seines Geistes, seines Daseins und seiner Entschiedenheit für Gott vor dem anderen stehen muss. Das ist das Großartige der christlichen Ehe, es ist aber auch ihre Härte, ihr Ernst.

Aus einem Vortrag, 27.8.1969

12. Mai

Wo Gott leuchtet, wird auch das menschliche Versagen hell. Aber Gott erweist sich gerade hier als größer. Christliche Ehe ist nicht die Ehe, die „glatt läuft“, sie ist der Bund einer beständigen täglichen Vergebung. Dass Gott uns selber schaffen, dass er neues Leben schenken kann, ist ungeheuerlich. Dass er aber aus dem Bruch, den wir verursachen, aus dem Nichts, das wir angestellt haben, neues Dasein schaffen kann, indem er vergibt, ist noch göttlicher. Und das ist auch das Göttliche am Menschen, dass er die Barmherzigkeit leben kann. Dadurch geschieht jeden Tag auch in der Ehe: „Siehe, ich mache alles neu!“ Jeder Morgen ist nämlich ein neuer Anfang.

Aus einem Vortrag, 27.8.1969

13. Mai

Ehe ist letztlich und zutiefst dies: eine Messe, die bei der Eucharistie anfängt und in die Messe der Alltäglichkeit, des Gebens an den andern, einmündet, um Sauerteig in der Umwelt zu sein. Auch in der Ehe geht es um die ganze Fülle Gottes unter den Menschen. Wo zwei, drei, fünf und acht Menschen Christus unter sich leben lassen, da entsteht Kirche.
Das ist die einmalige Aufgabe der Familie.

Aus einem Vortrag, 27.8.1969

14. Mai

Wenn Ehe Sakrament, wenn sie Gemeinschaft mit dem gekreuzigten und auferstandenen Herrn ist, wenn sie gar jenes Sakrament ist, das Jesus in unserer Mitte zum direkten Ziel hat, dann wird die Heiligkeit auch der zerbrochenen Ehe verständlich. Vielleicht erscheint es töricht, den Partner zurückzuerwarten, der sich inzwischen anders gebunden hat. Aber es ist nicht töricht, für ihn das Kreuz weiterzutragen, damit doch für ihn – so letztlich auch für mich – Ostern wird. Sicher, nicht ich habe die Kraft für dieses Kreuz, aber die Gnade des Sakraments wird mir durch die Untreue des anderen nicht entzogen – sowenig mein Versagen Verpflichtung und Kraft des Sakramentes auszulöschen vermag. Allerdings sind die Alleingelassenen ganz besonders anderen christlichen Familien und unseren Gemeinden anheimgegeben, damit sie die stärkende Erfahrung Jesu zwischen uns machen können.

Aus: Der Himmel ist zwischen uns, 87

15. Mai

Die Liturgie braucht immer wieder den Vers: Den die ganze Welt nicht fasst, er barg sich, Maria, in deinem Schoß! Im Schweigen Marias ist das Wort Fleisch geworden. Im Schweigen findet die Kreatur ihr Wort, das, was sie von sich aus ist; im Schweigen übersteigt sich die Kreatur und wird Raum für das, was größer ist als wir selbst und als die Welt. Dieses Schweigen ist kein leeres, sondern ein „gerichtetes Schweigen", eines, das sich hinhält. Dieses Schweigen ist Hintergrund, auf dem das Wort leuchtet, ist Schwingungsraum, in dem das Wort zum Klingen kommt. Jene, aus der das Wort Fleisch wurde, stand schweigend auch neben dem verstummenden Sohn am Kreuz. Das Wort, das sich als Wort uns sagt, und das Wort, das im Schweigen uns und die Welt und Gott selber heilend eint, dieses eine und selbe Wort braucht unser Schweigen. …
Die Religion des fleischgewordenen Wortes braucht das Bekenntnis im armen und endlichen Wort, sie braucht um dieses Bekenntnisses willen aber auch das Schweigen für das Wort.

Aus: Ungegenständliche Meditation, 35

16. Mai

Maria ist nicht nur ein Sternbild, das ferne über uns gerückt ist, sondern sie ist die Kleine und Unscheinbare, die durch das Dunkel des Glaubens und die Nacht des Nichtverstehens von Gott hindurchgeführt wird. Sie ist wahrhaft bei uns. Und zu keinem anderen Menschen haben in der Communio des

Glaubens so viele ihre Zuflucht genommen, die sich als Sünder, ... als Überforderte und Ohnmächtige erfahren haben. Sie ist da nicht Ersatz für den Einzigen, der uns tragen und auffangen kann, für ihren Sohn; aber wie wir alle einander zu Jesus führen, Jesus bezeugen, ... wie wir alle füreinander „Mutter Gottes“ im Glauben werden können (vgl. Mk 3,35), so ist sie es, die durch ihren Glauben, ihre Liebe, das in ihr lebendige und gelebte Wort uns Mutter und Wegbegleiterin ist. Wenn ich an sie denke, dann habe ich mehr Mut, mir Gottes Wort zuzumuten, aber auch Mut, nicht in meinem Versagen und meiner Halbheit stecken zu bleiben.

17. Mai

Die Menschheitsgeschichte läuft auf so etwas Unglaubliches hinaus wie das, was im Konzil von Ephesus im Jahr 431 mit dem Wort „Theotokos“ – Gottesgebärerin, Gottesmutter – bezeichnet wurde. Der Gott, von dem alles kommt, das Wort, in dem alles geschaffen ist, „verdankt“ sich, seine menschliche Existenz, sein Dasein unter uns einem Menschen, wird abhängig von uns, abhängig von einem Menschen. Dass in der Ordnung menschlicher Geschichte ein Mensch Gott aus sich hervorgehen lassen, im recht verstandenen Sinn „hervorbringen“ kann, das ist das unüberbietbar Höchste, was sich von einem bloßen Menschen überhaupt sagen lässt. Ein Mensch schenkt Gott, gibt Gott Leben. Das sagt für mich sowohl über Gott wie über den Menschen etwas aus. Gott ist so sehr Liebe, so sehr Sich-Verschenken, dass er sich ausliefert an einen Menschen, dass er sich einem Menschen verdankt, sich von ihm „abhängig“ macht. Und der Mensch ist so groß, dass er nicht nur sich selber Gott geben, sondern Gott selber anderen weitergeben kann.

Aus: Sag mir, was du glaubst, 30

18. Mai

Ich glaube, dass Jesus Christus, der Sohn Gottes, empfangen wurde durch den Heiligen Geist und geboren von der Jungfrau Maria. Die Buchstäblichkeit dieses Glaubens ist gerade seine geistliche Kraft. Aber diese Buchstäblichkeit ist zugleich geistlicher Anspruch an mich: Gottes Menschwerdung ist ein für allemal geschehen – und sie will doch je neu geschehen, da wo ich bin, da wo ich mich ungeteilt dem Ruf des Herrn öffne, leer werde von mir wie Maria, Hintergrund bin wie sie. Doch diese Berufung ist nicht nur meine persönliche, sie ist unsere gemeinsame: Miteinander sollen wir Maria „sein“, damit Christus neu geboren werde in unserer Welt.

Aus: Sag mir, was du glaubst, 33

19. Mai

In Maria ist das Ja der Menschheit ganz da, und dieses ganze Ja, es ist die Schale, die sich hinhält, die empfängt und weitergibt. Und so ist sie, die im Augenblick Gottes lebte, die das Ja der Annahme je neu sprach, die das Wort durchtrug, eben Mutter der Barmherzigkeit, Heil der Kranken und Zuflucht der Sünder, Königin der Apostel und des Friedens, Mutter für uns alle und lebendiges Bild der Kirche geworden.

Aus: Gerufen und verschenkt, 160

20. Mai

Dass Jesus der Sohn Gottes ist, geht sozusagen an Marias Muttersein nicht vorbei, das ist nicht etwas, was „draußen“ bleibt. Sondern Gott will in seinem Sohn in dieser Welt sein, nicht nur aus dem Heiligen Geist, sondern auch aus Maria der Jungfrau. Er will das Unsere so annehmen, dass er das nicht nur sozusagen als Leihgabe unterschlägt; sondern Maria ist hineingenommen in das, was aus ihr hervorgeht, nämlich in diese Gegenwart Gottes in der Welt. Und dies geschieht so stark von Gott her, dass es in einem totalen Beanspruchen Mariens geschieht; sie ist die Mutter. Aber es ist ein solches radikales Beanspruchtwerden von Gott allein, dass da ein Anfang ist wie in der Schöpfung aus dem Nichts und wie in der Auferstehung aus dem Tod. Das ist für mich einer der drei Punkte, wo es so einen radikalen Anfang in der Geschichte gibt: Schöpfung aus Nichts, Auferstehung vom Tod und jungfräuliche Geburt. Deswegen ist die jungfräuliche Geburt etwas Wichtiges. Es ist dieser leibhaftige Anfang: Gott greift ein in die Menschheitsgeschichte.

Aus einem Vortrag, 26.4.1989

21. Mai

Maria ist wie alle anderen Menschen erlösungsbedürftig und erlöst. Sie ist nicht jemand, der sozusagen irgendwo aus der Paradiesesszene an Adam und Eva vorbei in einer Spezialmenschheit vom Himmel gefallen wäre. Wenn sie die Sündelose ist, so nur, weil sie die Gnade, die Gott in Jesus schenkt, in Fülle empfangen hat. Die katholische Kirche

glaubt, dass diese Fülle so ganz ist, das heißt, dass der Erlöser so ganz die Gnadenfülle schenken kann, dass Menschsein bis in die innerste Wurzel, bis in den allerersten Anfang hinein geheilt ist. Diese Gnade ist in Maria so stark, dass sie, durchaus in Korrespondenz zu ihrem Ja, Maria ganz bewahrt vor dem Schatten des Nein und sie hineinnimmt in die ganze Fülle der Auferstehung.
Der theologische Sinn dieser Mariendogmen ist: Wie groß kann Erlösung sein; wie groß können wir von Erlösung denken; wie groß können wir vom Menschen denken! … An einem Punkt gibt es den ganz erlösten Menschen.

Aus einem Vortrag, 26.4.1989

22. Mai

Lass Gottes Wort dein Wort werden.
Lass dein Wort sein Wort werden.
Lass das Wort der anderen
dein Wort werden.

In Maria wird Gottes Wort Fleisch.
Sie „ist“, dass sie nichts anderes
zu sagen und zu geben hat als Ihn.
Sie sagt ihm in sich
die Not der anderen.

Aus: Dein Herz an Gottes Ohr, 154

23. Mai

Liebe schenkt dem andern nicht nur, geliebt zu sein, sondern lieben zu können. Liebe schafft nicht nur Wirkungen, sondern neue Ursachen. Und gerade darin ist sie Ursache in der höchsten Kraft. Gott ist mehr Gott, wenn er nicht nur Empfänger, sondern auch Geber, nicht nur Geliebte, sondern auch Liebende erschaffen kann. Und die ganze Liebe möchte, dass der andere Partner ist.
Aus diesem Grund kann ich verstehen, warum das Menschsein Jesu nicht fertig vom Himmel fällt, sondern warum es aus der Menschheit kommen soll, aus uns allen, und zugleich ganz konkret aus einem Menschen, der sozusagen für alle dieser Mündungspunkt der Menschheit in die Menschwerdung ist. Das ist Bestätigung dieser Eigenschaft der Liebe, dass Liebe nicht nur liebt, sondern auch lieben macht.

Aus einem Vortrag, 26.4.1989

24. Mai

Jesus sagt im Johannesevangelium, dass jeder, der ihm glaubt, nicht nur dieselben Werke, sondern auch größere als er tun wird (vgl. Joh 14,12). Liebe, zu der wir erlöst sind, ruft auch uns dazu, dass wir – nicht in einer Werkgerechtigkeit, sondern in dem total anderen Sinn des Beschenktseins von der Fülle Christi – dieselben Werke und größere tun können als er.
Das größte Werk ist: Gott Leben geben. Was durch Maria geschehen ist, soll auch durch uns, durch jeden von uns, geschehen.

Aus einem Vortrag, 26.4.1989

25. Mai

Aus Gottes Wort leben, es geschehen lassen, ihm Raum geben über die Grenzen des Möglichen und Zumutbaren hinaus, das ist Maria. Ihr Magnifikat ist nichts anderes als aus Gottes Wort gefügter Lobpreis an diesen Gott, ihr Leben ist gewoben aus seinem Wort. Sie tritt hinter ihm zurück, sie ist nicht die – im modernen Sinn verstanden – „große Persönlichkeit", sie lässt sich nur identifizieren durch das Wort, das sie geglaubt und dem sie Raum gegeben hat, so dass es in ihr Mensch wurde.

Aus: Brücken zum Credo, 262

26. Mai

Wenn ich geliebt bin, dann bin ich ich selbst. Aber ich bin zugleich im Ganzen und bin das Ganze. Liebe bewirkt, dass ich ganz persönlich leben kann. Sie ist der Lebensraum, in dem ich atmen kann. Ich bin beschenkt. Ich brauche mein Ich nicht auf die Seite zu drücken, ich brauche mich meiner nicht zu schämen. Wenn ich den andern liebe wie mich, muss ich auch mich lieben, ganz klar ja sagen zum Ich. Aber in dieser Liebe bin ich zugleich in diesem umfassenden Horizont des Ganzen. Wenn ich wirklich in der Liebe bin, kann eigentlich niemand draußen sein aus der Liebe. Ich kann gar nicht ein Geliebter sein und dabei meiner Liebe Grenzen setzen. Sonst kommt Liebe bei mir nicht an.
Und so ist es für mich verständlich, wie aus dieser inneren Logik heraus Maria, gerade indem sie der ganz erlöste Mensch ist, das Ganze von Menschsein im Blick hat und qualifiziert.

Aus einem Vortrag, 26.4.1989

27. Mai

Maria empfing vom Heiligen Geist; sie ist voll der Gnade vom inneren Anfang des Lebens an; sie weilt unter denen, die in gemeinsamem Beten den Geist erwarten, der an Pfingsten auf die junge Kirche herabkommt. Mariens Existenz ist, von sich selber her, ein Sich-Hinhalten, reine Verfügbarkeit über sich hinaus. Aber gerade in dieser „Hohlform" ihres Lebens ist sie der Erfüllung von Gott her fähig. Wo aber Gott erfüllt, da füllt er nicht seine Fülle ab, sondern da entspringt eine Quelle. Maria lebt aus einer tieferen Tiefe her als nur aus sich selbst. Gottes Geist in ihr – aus ihm geht nicht nur ihr Sohn, der Inhalt und die Frucht ihres Daseins, hervor, aus ihm erwachsen Vollzug und Gestalt ihres Lebens.

Aus: Brücken zum Credo, 265

28. Mai

Was ich für Gott und in Gott bin, das bin ich auch für die andern. Wenn ich ja sage zu Gott, dann werde ich von ihm beim Wort genommen für die andern. Ich muss eigentlich in ihm ja sagen zu den andern. Es geht gar nicht anders. Und es ist ganz klar, wenn in Maria ein Geschenk da ist, dann ist es ein Geschenk für mich. Indem Maria sich dem Gott, der für uns alle Mensch werden will, öffnet, öffnet sie sich für uns. Sie hat sozusagen in diesem Ja, das sie sagt, seinshaft ein Ja zu uns gesagt. „Denn um unseretwillen ist er vom Himmel herabgestiegen und hat Fleisch angenommen aus Maria, der Jungfrau" (Credo). Für mich ist das ungemein kostbar zu wissen, wenn ich ganz persönlich mit Gott lebe und zu ihm ja sage, dann bin ich in Haft genommen für die andern, in Dienst genommen für die andern und schenke mich den andern.

Aus einem Vortrag, 26.4.1989

29. Mai

Maria ist sozusagen das Halleluja der Menschheit, jenes Sich-hinweg-Singen, jenes Sich-hinaus-Singen und Übersteigen, nicht um etwas zu sagen, sondern um einfach sich zu verschenken und so die Schale, die Eröffnung zu sein für das Evangelium, die frohe Botschaft, die Gott schenkt.

Aus: Wir wollen dich preisen, 92

30. Mai

Das Entscheidende des Christlichen ist nicht, was wir tun, sondern, was Er tut, ja was er ein für allemal und unwiderruflich getan hat. Er ist gekommen, er ist Fleisch geworden, einer von uns. Aber er ist nicht gekommen ohne uns, er ist nicht gekommen ohne den Menschen. Das Wort wollte Fleisch werden, indem ein anderer Mensch ihm sein Wort gab, sein eigenes Leben, sein eigenes Fleisch als Raum für die Geschichte des Wortes einräumte. Dass Maria sagte: „Mir geschehe nach deinem Wort", war die Bedingung dafür, dass wir dieses Wort vernehmen, dass wir diesem fleischgewordenen Wort begegnen können.

Aus: Das Wort für uns, 21

31. Mai

Komm, hab Mut, Mut, Mensch zu sein,
Mut zum Maß Gottes – du bist nicht allein!
Jesus geht dir voran,
Maria geht mit dir!
Buchstabiere ihr Ja
in den kleinen Augenblicken deines Lebens,
und wenn dein Ja immer und immer wieder
brüchig wird,
vertraue auch die Scherben
der Liebe des für dich gekreuzigten Jesus
und seiner unter dem Kreuz stehenden
„Mutter der Barmherzigkeit" an.
Geben wir unser Herz frei an den Engel,
der uns ruft.
Hören wir seine Stimme:
Fürchte dich nicht, fürchte auch du dich nicht.
Denn du, auch du, hast Gnade gefunden bei Gott.

Aus: Sicht-Kontakt. Mit Maria im Gespräch, 31f

Lebensweg der Kirche

1. Juni

Wenn man mich fragen würde, was ich am meisten in der Welt liebe, was mir das Kostbarste in der Welt ist, könnte ich wirklich nichts anderes sagen als: die Kirche! Allerdings, wenn man fragen würde, was das Vergänglichste in der Welt ist, was am meisten anders werden muss, müsste ich wiederum sagen: die Kirche!

Warum liebe ich die Kirche über alles, was ich in der Welt habe? Deswegen, weil ich daran glaube, dass in dieser Kirche mit all ihren Mängeln, mit all ihrer Not, mit all ihrer Vorläufigkeit, mit all dem, was anders sein könnte an ihr, Gott zur Menschheit steht. Und wenn ich alle Menschen liebe, dann muss ich gerade, wenn es mir um die Menschen geht, die Kirche lieben. Denn Kirche ist nichts anderes als das Zeichen dafür, dass Gott Menschen, wie sie sind, in ihrer Armseligkeit, in ihrem Nichts, in ihrer Vorläufigkeit und Relativität angenommen und ernst genommen hat. Mein Ja zu allen Menschen ist also dadurch real und wirklich, dass ich sie hineinstelle in dieses Ja Gottes, in sein Handeln, in seine Gnade, in sein Erbarmen mit den Menschen.

Aus: Im Konkurrenzkampf der Weltanschauungen, 38f

2. Juni

In einer kleinen Schar aus Juden und Griechen, aus alttestamentlichen Frommen und Heiden, die sich auf den Ruf Gottes in Jesus hin umkehren, in ihrem Einssein miteinander durch die vereinende Kraft des Kreuzes Christi, offenbart sich das Geheimnis aller Zeiten, aller Geschichte. Alles, was war, läuft hin auf diese Versöhnung und Vereinung der Menschen durch Gottes Barmherzigkeit, wie sie anfanghaft dargestellt ist in der Kirche. Alles, was kommt, die äußerste Zukunft, die Gott der Menschheit bereitet hat, bricht hier bereits an, wird hier bereits Gegenwart.

Aus einem Artikel, 1976

3. Juni

Wir sind ein Leib, und der eine Leib muss eben leibhaftig und geschichtlich sich weiterformen. Wenn wir so zusammengenommen sind im Tod Christi und in seiner Auferstehung, wenn wir so ein Leib geworden sind, dann müssen wir diesen einen Leib auch darstellen in einer geschichtlich gewordenen Tradition und Ordnung, in einem konkreten leibhaftigen Miteinander von Kirche, einer leibhaftigen und konkreten Sukzession. Das ist nicht nur etwas Äußerliches, sondern ist die Präsenz dieses Skandals des sich leibhaft gebenden Gottes, der uns selber zu seinem einen Leib machen will.

Aus einem Vortrag, 31.8.1977

4. Juni

Kirche ist nicht ein Verein von solchen, die eine gleiche Ideologie vertreten, nicht ein Interessenverband von solchen, die sich um die Verbreitung einer Weltanschauung bemühen. Kirche ist Einheit, in welcher Gegensätze versöhnt sind in der einen Mitte, Christus. Kirche ist Einheit, in welcher die Einheit der Menschheit anfänglich zur Darstellung kommt. Kirche ist Einheit, welche die endgültige Einheit vorwegnimmt, auf die alle Geschichte der Menschheit hinzielt.

Aus einem Artikel, Juli 1978

5. Juni

Die Kirche hat den Auftrag, Gottes Selbsthingabe in Jesus weiterzugeben an alle. Jedem Menschen soll mitgeteilt und beglaubigt werden: Du bist von Gott unendlich geliebt, so sehr, dass er seinen Sohn für dich hingegeben hat. Und in der Bezeugung dieser Liebe eröffnet sich die unerhört neue, je größere Zukunft.

Aus einem Artikel, Mai 1979

6. Juni

Kirche ist Zeichen und Anbruch jener Zukunft, die an Ostern begonnen hat. Sie ist ebenso Zeugnis und Vergegenwärtigung der schon ein für allemal geschehenen Heilstat Gottes: der Hingabe seines Sohnes, der für uns gekreuzigt wurde und auferstanden ist. Aber sie ist nicht nur Schnittpunkt einer vorweggenommenen Zukunft und einer nicht mehr vergehenden Vergangenheit, sondern sie ist Leben mit dem lebendigen Herrn. Der gekommen ist und der kommen wird, er ist auferstanden zum Vater und auferstanden zu uns. Er bleibt bei uns alle Tage bis ans Ende der Welt.

Aus einem Artikel, Mai 1979

7. Juni

„Christus ist das Licht der Völker. Darum ist es der dringende Wunsch dieser im Heiligen Geist versammelten Synode, alle Menschen durch seine Herrlichkeit, die auf dem Antlitz der Kirche widerscheint, zu erleuchten, indem sie das Evangelium allen Geschöpfen verkündet (vgl. Mk 16,15)" (*Lumen gentium 1*). Nicht mit der Kirche fängt es an, sondern mit Christus. Nicht sie ist das Licht, sondern er. Und dieses Licht ist nicht für die Kirche allein da, sondern für die ganze Welt, für alle Geschöpfe. Wenn wir von der Kirche im Sinn des Konzils sprechen wollen, dann müssen wir von Christus sprechen und von der Welt. Von Christus ist die Kirche – und *für* die Welt. Ihr Eigenes ist der Widerschein eines Lichtes, das nicht ihr gehört, sondern dem Herrn. Von ihm hat sie es empfangen – für die anderen, für alle. Damit sie dieses Licht aber empfangen und weitergeben kann, muss sie reiner und klarer Spiegel sein, ohne Riss und Bruch. Sie muss sich hineinhalten in das Licht des Herrn, um es aufzufangen, sie muss in sich selber zusammenhalten, eins sein.

Aus einem Vortrag, 20.11.1983

8. Juni

„Die Kirche ist in Christus gleichsam das Sakrament, das heißt Zeichen und Werkzeug für die innigste Vereinigung mit Gott wie für die Einheit der ganzen Menschheit" (*Lumen gen-*

tium, 1). In der Kirche geschieht also vertikale Einheit, Einheit mit Christus, und horizontale Einheit, Einheit miteinander. Eines kann ohne das andere nicht sein. Menschen können nur dann Zeichen ihrer Einheit mit Gott sein, wenn diese Einheit mit Gott sie auch gegenseitig eins sein lässt. Wo die Einheit mit Gott aber in der Einheit miteinander lebt, wo Kirche also als Gemeinschaft mit Gott und in Gott sichtbar wird, da wird das sichtbar, was Gott mit der ganzen Menschheit will: Kirche als Zeichen.
Und dieses sichtbare Zeichen ist zugleich Magnet, der andere anzieht, ist Mitteilung der Liebe, Weitergehen der Liebe in die Welt hinaus, damit in der Tat alle eins seien.

Aus einem Vortrag, 20.11.1983

9. Juni

Kirche ist nicht nur Zeichen, sondern Werkzeug der Vereinigung zwischen Gott und den Menschen und der Menschen miteinander. Zeichen und Werkzeug aber, das heißt: Sakrament. Natürlich ist die Kirche auf eine andere Weise Sakrament, als es die einzelnen Sakramente – wie zum Beispiel Taufe und Eucharistie – sind. Aber die Grundstruktur von Kirche selbst ist sakramental; denn die Sakramente sind von Jesus Christus eingesetzte sichtbare Zeichen, die das, was sie bezeichnen, auch bewirken und mitteilen und so der Einheit der Menschen mit Gott und miteinander dienen. In gewisser Weise können wir sagen: Was die Sakramente für den Einzelnen sind, das ist die Kirche als ganze für die Menschheit. Sie ist eben: Zeichen und Werkzeug der innigsten Vereinigung der Menschen mit Gott und miteinander.

Aus einem Vortrag, 20.11.1983

10. Juni

Der Weg durch das Kreuz zur Auferstehung ist der Lebensweg der Kirche. So ist Kirche, so ist Gemeinde: österliche Kreuzweggemeinschaft. Nicht Getto der weltabgewandt Seligen, nicht geschützter Winkel im Windschatten der Geschichte, aber auch nicht Marschkolonne auf dem breiten Weg, sondern eben: österliche Kreuzweggemeinschaft.
Christen weichen dem Kreuz nicht aus, sie „ergeben" sich aber auch nicht nur, weil nichts anderes übrigbleibt. Sie entdecken im Kreuz Jesu den Weg der größeren Liebe, der das Negative annimmt und verwandelt, durch den Nullpunkt der eigenen Ohnmacht vorstößt in den österlichen Aufgang des Reiches, das in den Wundern der Liebe, in der Gegenwart des Auferstandenen hereinstrahlt in die Geschichte.

Aus einem Artikel, Oktober 1985

11. Juni

Wir sind heute stark versucht, nachzudenken über das, was weniger wird und was nicht gut geht. Ich möchte davor alles eher als die Augen verschließen. Aber wenn ich nur grundsätzlich frage: Wie viel haben wir noch? Wie können wir noch manches bewahren? Wie können wir noch dafür sorgen, dass vieles bleibt?, dann haben wir eigentlich nicht mehr die Blickrichtung des Evangeliums, die Blickrichtung, die auch in der Nacht in das Kommen des Herrn hinein wacht und schaut. Das Entscheidende, die entscheidende Zukunft steht uns bevor, kann uns nicht genommen werden: Der Herr wird kommen! Auf, ihm entgegen! Wir können bei aller Nüchternheit doch nicht auf die Aufbruchstimmung derer verzichten, die glauben, dass die Zukunft Gottes größer ist als die Vergangenheit unserer Ideale und Traditionen. Wir sind nicht Nachlassverwalter einer noch so kostbaren und heiligen Vergangenheit, die es zu hüten gilt, sondern in dem und über das hinaus sind wir Wegbereiter für eine Zukunft, die nicht wir machen können, aber die kommen wird, weil Er kommt.

Aus einer Predigt zum 18. Weihetag, 7.11.1993

12. Juni

Wenn der geboren ist und lebt, der die Zukunft ist, dann kommt alles darauf an, dass er gegenwärtig ist. Er muss unter uns sein, um es uns zu sagen: Ich bin eure Zukunft, eure Zukunft ist in mir. So wird das Reich Gottes, das kommt, zum Sauerteig, der das, was schon ist, die Gegenwart, durchdringt. Es genügt nicht – so unerlässlich, grundlegend und kostbar es ist –, dass er objektiv, also im Wort, im Sakrament und im Amt, und dass er im persönlichen Leben des Einzelnen mit seiner Zukunftsmächtigkeit präsent ist; dies kommt erst zum Leuchten, wenn er selber sich einmischt in unser gemeinsames Zuleben und Zugehen auf die Zukunft. Die Verheißung Jesu, zugegen zu sein, wo zwei oder mehr in seinem Namen versammelt sind, wird geschichtsrelevant. Überall wo wir sind, muss noch einer mehr sein können: Er. Und das ist das Lebensgesetz der Kirche, der Gemeinde. Nur dann hat das, was wir tun und planen, Zukunftswert. Nur dann – nur wenn Er unter uns immer neu geboren, sichtbar wird – können die anderen glauben: Die Zukunft ist schon geboren, und diese Zukunft ist Er.

Aus einem Artikel, Oktober 1985

13. Juni

Wir alle sind Bauarbeiter, die nichts anderes können als unsere Backsteine in die Hände des Einzigen zu legen, der aus ihnen Gottes Haus unter den Menschen, die Kirche, baut. Nicht wir bauen sie, sondern er. Wir aber müssen jeden Augenblick als einen Baustein verstehen, den wir Ihm in die Hände geben.

Aus einem Brief, 26.11.1980

14. Juni

Jedes Mal, wenn wir Eucharistie feiern, geschieht nicht nur ein nettes Sich-Beisammenfühlen in einem als bloße Gesinnung verstandenen Geist Jesu, sondern hier ist die radikalste Schranke der Wirklichkeit, die Schranke des Todes durchbrochen; hier geschieht Hingabe, die tatsächlich ankommt bei uns; hier geschieht Nähe, in der die Distanzen zwischeneinander, die inneren und die äußeren, aufgehoben sind.

Aus einem Vortrag, 31.8.1977

15. Juni

In der Eucharistie werden wir ein Leib nicht nur miteinander, sondern wir werden sein Leib für die Welt. Wer durchdrungen ist von der Eucharistie, dem kann diese Welt und diese Gesellschaft und diese Zeit nicht egal sein, sondern der hat in sich diese Dynamik und Dynamis Gottes, der sich hingibt, der sich schenkt, der alles, was Menschen tragen und Menschen tun, alles, was des Menschen ist, als sein Eigenstes und Innerstes mitträgt.

Aus einem Vortrag, 31.8.1977

16. Juni

Tod und Auferstehung Jesu Christi, Brot für das Leben der Welt, Leib und Blut, hingegeben für die Vielen – das stößt unmissverständlich die Kirchtür auf und weist auf Menschheit und Welt. Die neue Wirklichkeit darf von der Wirklichkeit unseres Alltags nicht isoliert werden. Eucharistie ist also mehr als nur sie selbst, mehr als nur ihr sakramentales Geschehen. In der Eucharistie, in der wir ein Leben werden mit dem Herrn, empfangen wir sein universales Für, werden wir hineingenommen in seine Sendung für die Welt.

Aus einem Vortrag, 17.11.1978

17. Juni

Der Kirchweg und der Heimweg gehören zur Eucharistiefeier hinzu. Kirche ist Kirchweg, auf dem man sich sammelt und versammelt, einander grüßt, sich miteinander versöhnt, andere abholt, einander behilflich ist. Den Herrn in der Mitte bereits mitbringen, der sich eucharistisch neu für alle und für die Welt schenkt!

Und der Heimweg will ein Mitbringen des Herrn in das Leben des Alltags, will ein Beisammenbleiben der in der Eucharistie Versammelten in ihren alltäglichen Beziehungen sein, und er will vor allen Dingen ein Weg in die Welt, ein Weg zu den anderen sein. Beginn des Kirchwegs für viele.

Aus einem Artikel, Mai 1979

18. JUNI

Ein Stück Brot, in das sich Jesus verwandelt
und durch das er den Hunger aller Herzen speist:
das ist Jesu Kurzbiografie.
Und die unsere: der kleine Weg seiner Liebe,
die stark ist in der Schwachheit.

Aus einem Artikel, 1980

19. JUNI

Jesus, du hast mich in meinem eigenen Sterben und Leben ein neues Wort entdecken lassen, das Wort „für". Was ich festhalten will, wird Gabe, die mir gegeben ist zum Weitergeben. Was ich nicht verlieren will, worum ich bange, wird wiederum Gabe, die sich nur im Weggeben entfaltet und erfüllt. Du selbst bist es, der Leben und Sterben wandelt, aber auch begleitet und aufhellt. Wo bist du, Jesus meines Sterbens und Lebens?
Du bist in der Eucharistie. Sie ist in einem die beständig neue Gegenwart deiner Todeshingabe – und dein Bleiben als der leibhaftig Verherrlichte hier bei uns. Nur in deinem Tod können wir dein Leben haben, aber dein Leben habend, sind wir gestärkt für unseren Weg, für unser eigenes Pascha, das einmal am Ende, aber zugleich jeden neuen Tag geschehen will. Leben ist Sichgeben, Sterben ist Sichgeben; dein Sterben und Leben geben sich uns, du selbst gibst dich uns in der Eucharistie. Lass mich jeden Tag aus ihr leben; gib mir die Leidenschaft, dass durch mich viele in dir das froh machende eine Geheimnis ihres Sterbens und Lebens finden.

Aus: Gerufen und verschenkt, 67

20. Juni

Nicht nur, dass wir hier, in unserer Gemeinde, die Eucharistie haben, ist wichtig. Den Geist Jesu bewahren wir erst dann, wenn wir konkret die nächste Gemeinde lieben wie unsere eigene, wenn unsere Gemeinden sich über ihre Grenzen hinaus öffnen und der Herr in der Mitte der Gemeinden lebt. Pfarrverbände, Dekanate, Regionen und gar das Bistum sind mehr als Organisations- und Planungseinheiten, sie sind Lebensräume.

Aus einem Artikel, Mai 1979

21. Juni

Kirche als Netz der Kommunikation, ja der Freundschaft erfordert das Interesse der Gruppen und Schichten einer Gemeinde füreinander, die Offenheit der Gemeinde zu ihren Nachbargemeinden, in das Bistum, ja in die Weltkirche hinein. Du sollst die Gemeinde deines Nächsten lieben wie deine eigene, dein Bistum ist mein Bistum, meine Gemeinde ist die Welt, die Welt ist in meiner Gemeinde gegenwärtig. Solche Sätze sind wie Schlaglichter, die zeigen, wie das geht: Kirche als Kommunikation.

Aus: Gerufen und verschenkt, 216

22. Juni

Einigen Bischöfen hatte ich bei einer Begegnung versprochen, dass ihr Bistum mein Bistum sein solle und umgekehrt. Und ich habe täglich für diese Bischöfe und ihre Bistümer gebetet. Wie ich nun zu ihnen kam, da spürte ich: Was wir uns damals sagten, war nicht nur ein Spiel von Worten, sondern eine Realität. Zu den Bischöfen und Bistümern, die man betend dauernd mit im Herzen trägt, hat man eine ganz unmittelbare, nahe Beziehung, und es ist eine unglaubliche Horizonterweiterung, in solcher Gemeinschaft miteinander zu stehen. Man sieht auch die eigenen Probleme nicht mehr so, als ob sie das Einzige auf der Welt wären. Und man hat aus der brüderlichen Nähe den Mut und die Kraft, einander wirklich zu helfen bei der Lösung auch schwieriger und persönlicher Probleme. In der Begegnung mit meinen Brüdern bin ich recht klein, recht dankbar geworden.

Aus einem Interview, Dezember 1977

23. Juni

Wir tun manchmal so, als ob wir Gott zu „managen" hätten. Um es ein bisschen scherzhaft zu sagen: „Lieber Gott, wir wissen, dass alles auf dich ankommt und dass du alles in allem bist. Aber leider bist du so unmodern, dass die Menschen dich heute einfach nicht mehr verstehen; du kommst nicht mehr an. Und, ehrlich gesagt, dein Evangelium und deine Kirche stellen es reichlich ungeschickt an, dich für den Menschen von heute zum Zuge zu bringen. Doch zum Glück gibt es ja uns; und wir sind von heute. Wir werden dich schon wieder hinkriegen, lass uns nur machen, wir bekommen dich wieder auf Hochglanz, wir machen dich wieder modern!" Nein, so wichtig das mit dem Aggiornamento, so wahr es ist, dass das eine und selbe Wort Gottes immer neu der Übersetzung bedarf, so sehr uns Gott selber in die Solidarität mit den Fragen und Nöten der Menschen neben uns verweist: Gott an den Mann bringen kann niemand als Gott selbst.

Aus: Im Konkurrenzkampf der Weltanschauungen, 18f

24. Juni

Kirche sein, Kirche leben heißt ein menschlich nicht mehr begründbares, ein von unserem Gefühl und Geschmack nicht mehr verantwortbares Ja zueinander zu sagen. Es ist sonderbar, was darin eingeschlossen ist. Darin ist eingeschlossen, dass ich ja sage dazu, dass es ein Amt in der Kirche gibt, dass ich ja sage zur Sonderbarkeit dessen, dass es ein menschliches Wort gibt, in dem mir Gottes Wort begegnet. Es gehört dazu, dass ich ja dazu sage, dass in einer irdischen Institution, die besser sein könnte, Gott zu mir ja sagt. Es gehört dazu, dass ich ja sage zu einem, der ganz anders denkt und ist als ich, weil Gott ihn angenommen hat und weil Gott mir in ihm begegnet. Das ist der Auftrag an die Kirche, das ist es, was wir immer wieder neu versuchen müssen, was uns total überfordert, weil wir es nicht können, weil nur Gott allein es in uns kann.

Aus: Im Konkurrenzkampf der Weltanschauungen, 46f

25. Juni

Jesus sagt uns: Wer mich sieht, sieht den Vater. Auch wer uns sieht, soll auf eine andere und doch eigene und eigentliche Weise sagen können: Wer uns sieht, sieht den Vater. Das ist der Sinn von Vollmacht, von Autorität, auch in der Kirche: dass der Vater sichtbar wird. Wir müssen den Mut haben, den Vater sichtbar zu machen. Aber wie wird der Vater sichtbar? Wodurch ist der Vater Vater? Dadurch, dass er als Erster liebt. Als Erster lieben und alle lieben ohne Ausnahme, das ist das Fundament aller Autorität in der Kirche, und dazu will ich mich bekennen. Das aber ist auch die Weise, wie wir allein, ohne frustriert zu sein, Antwort geben können. Nur so, dass wir ins Dunkel, dass wir in die Enttäuschung, dass wir über die Schatten hinweg, dass wir dahinein einfach vom Nullpunkt an als Erste lieben, als Erste wieder anfangen. Geben wir so miteinander dem Vater Raum, jede und jeder in seiner Rolle, jede und jeder an seiner Stelle.

Aus der Predigt bei der Bischofsweihe, 8.11.1975

26. Juni

Du hast mich als Priester ausgesondert, nicht damit ich über die anderen hinweg bei dir sei, sondern damit ich keine Entschuldigung davor habe, *unter* den anderen, *tiefer* als alle anderen und „rettungslos" bedrängt *zwischen* allen anderen bei dir zu sein, auf dass alle eins seien.

Lass mich Eucharistie so feiern und sein, dass alle von dir leben. Lass mich dein Wort so leben, dass sie es wie in einem lebendigen Kommentar lesen können, wenn ich es ihnen verkünde. Lass mich mein Ich so in deinem Du bergen und verbergen, dass du selber für sie beglaubigt bist, wenn du in mir das Wort deiner sakramentalen und verkündenden Vollmacht sprichst. Lass mich dich selber so in ihnen lieben, dass sie dich in sich selbst entdecken und, zu dir findend, zu sich selber finden. Lass mich so der Diener der Einheit aller sein, dass du dort, wohin du mich gestellt hast, immer in der Mitte zugegen sein kannst. Lass mich dich jeden Tag an jedem Kreuz finden, an welchem du im Raum meines Lebens und Wirkens hängst, auf dass du erkannt bist, geliebt bist und so ein neues Ostern bereiten kannst.

Aus: Gerufen und verschenkt, 72f

27. Juni

Vorbei ist nicht Mission, sondern jene Mission, die bloß Überlegenheit darstellt, die Mission der Überlegenheit, die Mission des Europäischen ist vorbei, nicht aber jene Mission, die das Wort Gottes hineingebiert in das Fleisch anderer Welten. Vorbei ist die Mission des halbierten Menschen und des halbierten Gottes, jenes halbierten Menschen, bei dem ich mich nur um die Seele kümmere, jenes halbierten Gottes, der bloß über den Wolken anfängt. Nein, aber jene Mission ist nicht vorbei, die den ganzen Menschen, den Menschen mit Leib und Seele, den ganzen Gott, den Gott des Himmels und der Erde, bringt.

Aus einem Artikel, Oktober 1977

28. Juni

Kirche ist „kleine Herde", aber sie ist es als Anfang einer neuen und als Anwalt der ganzen Menschheit. Ihr Interesse muss das Interesse Gottes, ihr Zeugnis die Provokation Gottes sein, der sich für den „Rand" interessiert und in seinem Sohn selbst an den äußersten Rand hingegangen ist. Wenn Kirche Gemeinschaft derer ist, die sich von Gott die neue Gerechtigkeit schenken lassen, um selbst Zeichen für diese neue Gerechtigkeit zu sein, dann gehört zu ihrem Auftrag auch der besondere Einsatz für die Benachteiligten, für jene, die am Rande sind.

Aus einem Artikel, 1973

29. Juni

Die Kirche als ganze hat die anderen, hat jene, die „draußen“ sind, als ihre Zukunft. Die Kirche der Zukunft ist die Kirche für die anderen, die Kirche derer, die jetzt nicht „drinnen“ sind; denn Kirche ist Zeichen des Heils, das sich nicht in sich selber schließt, sondern das in die Welt eintreten, in der Welt verkündet werden soll.

Aus einem Vortrag, 30.10.1971

30. Juni

Ziehen wir einmal all jene Heiligen aus der Kirchengeschichte ab, die aus den Orden erwachsen sind, streichen wir einmal all jene Gestalten lebendiger Frömmigkeit aus der Kirche heraus, die wir den Orden verdanken, sehen wir einmal ab von all jenen Werken der Barmherzigkeit und von all jenen großen Gedanken der christlichen Weisheit und Theologie, die ihren Wurzelgrund in der Spiritualität und im Leben der Orden haben – wie arm wäre die Kirche dann! In der Geschichte – und auch in der Gegenwart – der Orden steckt ein gewaltiges Zukunftspotential, das Zukunftspotential gelebten Wortes des Evangeliums. Wir dürfen es der Menschheit und der Kirche nicht vorenthalten. Auch heute will jene Geschichte neu stattfinden, die – gerade das ist kennzeichnend für alle Orden – nicht aus Berechnung und Planung, sondern aus dem Wagnis des Vertrauens auf Gott allein wächst.

Aus einer Predigt, 26.2.1980

Juli

Mit Gott vertraut werden

1. Juli

Gott ist keine elitäre Persönlichkeit, der man sich nur durch Vorzimmergeschöpfe zu nahen vermag. Er hört die besonders Armen, besonders Kleinen, besonders Niedrigen und Hässlichen ganz besonders gern.

Aus: Gerufen und verschenkt, 113

2. Juli

Das Lobpreisen, Gott-Verherrlichen, das ist in der Tat Vollzug menschlichen Kleinseins und menschlicher Größe zugleich. Sag mir, was für dich groß ist, und ich sage dir, wie groß du bist. Wie groß du gerade in deinem Kleinsein bist, das anderes für dich groß sein lässt. Dies ist der Adel des Menschen, dass er Größe, einzig wahre Größe zu erkennen, zu benennen, zum Inhalt seines Wortes, ja seines Lebens werden lassen kann: die Größe Gottes.
Erst wo wir Lobpreis wagen, über uns und unsere Ängste hinaus, reißt der schwarze Himmel auf, kommt die Welt ins Lot, kann der Mensch atmen. Ich kann nicht bestehen, wenn ich nicht vor ihm stehe, um ihn zu loben. Nur im Lobpreis ist meine Niedrigkeit angeschaut, geschieht Rechtfertigung, Heil.

Aus: Dein Herz an Gottes Ohr, 92.96

3. Juli

Zur Anbetung gehört es, dass ich einen anderen größer sein lasse als mich, dass ich fähig bin, solche Größe zu erkennen, anzuerkennen und ihr in meiner Hingabe Raum zu geben. Der Mensch, der nicht anbetet, beraubt sich seiner eigenen Größe, weil er nichts Größeres mehr kennt als sich. Die Würde des Menschen hängt an der Transzendenz, an der Anerkennung, dass der Mensch größer ist als er selbst. Gegen eine bloße Verzweckung, gegen den Kult des bloß Machbaren und für den Freiraum des Menschlichen steht letztlich nur die Anbetung.

Aus einem Vortrag, 17.11.1978

4. Juli

Kaum etwas droht unserem Verhältnis zum lebendigen Herrn mehr zu entgleiten als unsere Zeit. Der Überdruck von Erwartungen und Ansprüchen setzt solche Mechanismen der anpassenden Entsprechung oder der unwilligen Abwehr dem entgegen, dass es uns ungemein schwer fällt, mit dem Glauben hier dazwischen zu kommen. Umso wichtiger ist die Hingabe unserer Zeit am Anfang eines jeden Tages, die Heilung unserer Zeit am Ende eines jeden Tages und die Kontaktaufnahme mit seiner Zeit im Verlauf eines jeden Tages: Du bist da, es ist in deinen Händen, ich wage diesen einen Atemzug der Gelassenheit jetzt für dich! Vielleicht ist das Durchatmen mitten in den Bedrängnissen ein besonders wichtiges „Stoßgebet“, ein inkarnierter Akt unseres Glaubens, sozusagen ein Hauch des Geistes, welcher ausgeht von dem, der auch und gerade in solcher Bedrängnis sagt: Ich bin da, ich geh mit, du kommst zu nichts anderem, und nichts anderes kommt zu dir – fürchte dich nicht, ich bin es.

Aus: Gerufen und verschenkt, 58f

5. Juli

Die Menschen suchen den Beter, den mit Gott Vertrauten, den in Gott Weilenden, wenn sie den Rat, das Geleit, den Trost des Seelsorgers suchen. Was er ihnen sagt, muss nicht nur stimmen, es muss tragen; und es trägt nur, wenn Gott selber durchscheint, jener Gott, der innewohnt, der eingedrungen ist in die Bewegungen, ins Denken, ins Sehen dieses Menschen.

Aus: Gerufen und verschenkt, 106

6. Juli

Alles als geliebt sehen, nicht nur sich selbst, sondern auch die Welt und die Kirche von der Liebe dessen her sehen, der nichts beschönigt, nichts verkleistert, aber alles in sich hineinnimmt und erlösend verwandelt: Das ist der Vollzug der Kontemplation. Das lässt Gott in allem aufscheinen und durchscheinen. Es gibt tiefste Gelassenheit, es gibt inneren Frieden; aber es schläfert nicht ein, erzeugt keinen verharmlosenden Optimismus, gibt kein Alibi für das Handeln, sondern leiht ihm die Kraft und den Mut.

Aus: Gerufen und verschenkt, 107

7. Juli

Je mehr ich zu tun habe, desto mehr brauche ich Zeit zum Gebet. Und dann entdecke ich: Wenn ich Zeit verwende und verschwende für das Verweilen in Gott, dann geschieht etwas wie eine „wunderbare Zeitvermehrung“, ich habe durch die für Gott verschenkte Zeit mehr Zeit, zumindest: bessere, offenere, liebendere Zeit zu verschenken an die anderen. Die Zeit wird zur Perlenschnur vieler kostbarer Augenblicke, die ich gesammelt und mich zuwendend zu den anderen zu leben, zu erfüllen vermag.

Aus: Gerufen und verschenkt, 109

8. Juli

In den ersten Minuten meines Wachseins am Morgen versuche ich in drei Richtungen zu denken, drei Melodien zu intonieren:

Das erste ist der Blick auf den gekreuzigten und verlassenen Christus: Du wirst mir heute in ungezählten Gesichtern begegnen. Hilf mir, dass jedesmal, wenn du mir sagst: „Da bin ich!“, auch ich dir sage: „Da bin ich!“ Ich will dir nicht davonlaufen, sondern auf dich zugehen, will durchstoßen zu dir.

Das zweite ist die Erinnerung an das Wort der Schrift, das ich mir als Perspektive für den Tag gewählt habe. Ich denke an dieses Wort, dass es untertags auf mich lauere, mich in das Gespräch mit dem ziehe, der es mir gesagt hat, um ihn zu entdecken als den Sprechenden, Gegenwärtigen in den verschlungenen Abläufen dieses Tages.

Das dritte ist der Gedanke an jene, die mir heute begegnen werden. Ich sage Ihm: „Du bist es, der mich jedesmal angeht, anschaut und jedesmal eine ganze Zuwendung, eine ganze Liebe fordert, damit deine Liebe geschieht." Ich sehe so auch die anderen anders, blicke in ihnen durch auf Ihn.

Aus: Gerufen und verschenkt, 109f

9. Juli

Morgengebet vor dem Spiegel

Wie oft schaut dieses soeben wieder zu sich selbst erwachte Ich mich fremd und bedrückend an. Wie wenig selbstverständlich ist es, dass ich jeden Morgen mich selbst „adoptiere". Wie groß ist die Gefahr, dass ich, mir meiner Grenzen bewusst, meine anstehende Überforderung wieder in Sicht, mich selber nicht mag!
Wer werde ich heute wieder sein? In welcher der vielen Rollen und Positionen, die ich heute einnehme, soll ich wirklich mich selbst erkennen? Welches ist der „rote Faden", der die Bilder, in denen ich heute erscheine und mitspiele, in ihre Einheit, in ihren Bestand zusammenbindet?
Vielleicht verdränge ich das, vielleicht lasse ich es gar nicht so weit kommen, dass mich dies alles anficht, aber ist es nicht doch im Untergrund da: Wer bin ich selbst? Wie kann ich von innen her „Ja", von innen her „Ich" zu mir selber sagen? Antwort: weil ein anderer sein erlösendes Ja und sein erlösendes Du zu mir sagt. Ja, mein Erlöser, ich glaube mich dir, ich nehme mich so an, wie du mich siehst, wie du mich liebst.

Aus: Gerufen und verschenkt, 166

10. JULI

Morgengebet vor dem Terminkalender

Ich weiß nicht, wer mir heute begegnen wird; ich weiß nicht, wie die mir begegnen werden, von denen ich weiß, dass ich sie heute treffe. Und wenn ich meine, ich wüsste es doch schon, und sie einordne, sortiere, beurteile, dann habe ich mich selbst bereits verschlossen und ihnen Unrecht getan, indem ich entweder nichts mehr von ihnen erwarte oder sie mit meinen Erwartungen überfordere und überfrachte. Ich erwarte jeden, aber ich erwarte ihn je zum erstenmal, denn ich erwarte in ihm je den Herrn, seine Liebe, sein Ja, mit denen er jeden Menschen angenommen, durchlitten und so erlöst hat. Alle, die mir begegnen können, sind Erlöste, und wenn die Erlösung bei ihnen noch nicht ankam und durchkam, so soll die Begegnung mit ihnen eine Chance sein, damit dies geschehen kann. Keiner soll mir heute begegnen, für den ich nicht schon gebetet habe, zu dem ich nicht schon gesagt habe: Komm nur, es ist gut, dass du kommst, es ist gut, dass du da bist! Der Einzige, der heute sicher kommt, ist Jesus; und in allem, was kommt, hat Er Termin bei mir.

Aus: Gerufen und verschenkt, 166f

11. JULI

Morgengebet vor der Zeitung

Mein Blick kann nicht bei denen stehen bleiben, die unmittelbar in meinen Gesichtskreis treten. Die Welt ist größer; und alles, was in der Welt geschieht, ist zu zählen und zu wägen von ihm, von seiner erlösenden Liebe her. Nichts fällt heraus aus der Spannweite seiner Erlösung. Die Erlösung ist der Kontext, den ich zu jedem Text hinzulesen muss, um ihn richtig zu lesen. Wenn ich die Zeitung aufschlage, wenn ich ins Zeitgeschehen hineinblicke, dann will ich nicht nur meinen Befürchtungen und Hoffnungen, nicht schreckenden Überraschungen oder lähmender Enttäuschung begegnen, sondern alles ernst nehmend, alles nüchtern sehend, wie es ist, möchte ich durchsehen bis auf diesen Grund: Die Welt ist erlöst. Morgengebet vor dem Zeitgeschehen, vor der Welt.

Aus: Gerufen und verschenkt, 167f

12. Juli

Mir ist die Fürbitte für jene, die mir begegnen, die mir nahe sind, die mir, wie auch immer, aufgegeben sind, für die ich dazusein habe, weil sie mein Leben getroffen und gestreift haben, mit das Wichtigste. Ich habe mir eine ziemlich lange Namensliste zurechtgelegt, die mich jeden Tag begleitet, auf dass Fürbitte konkret sei. Mit den andern, mit den Menschen, die mir so verbunden sind, vor Gott hintreten, das erst macht mich real gegenwärtig in Gott und Gott gegenwärtig in mir und meiner Welt. Fürbitte erschließt mir den Himmel im Außen, in der Welt. Jene, für die ich Fürbitte einlege, sind die Partner meines Himmels; sie sind schon jetzt mit den goldenen Fäden seiner Liebe mit mir verbunden. Wenn ich sie zum Vater trage im Sohn, bauen sich zwischen ihnen und mir die Straßen der Neuen Stadt.

Aus: Gerufen und verschenkt, 112f

13. Juli

Konkret beten für jene, die uns um ihr Gebet bitten oder gerade nicht darum bitten, zählt zum Allerwichtigsten, was der Priester zu tun hat. Wir sollten es nicht bei einem ganz allgemeinen „Einschließen ins Gebet" bewenden lassen, sondern sollten den Richtstrahler unserer Fürbitte recht ausdrücklich immer wieder auf alle die Menschen und alle die Situationen richten, die in unseren Sichtkreis und somit in unsere Verantwortung vor Gott gehören.

Aus: Gerufen und verschenkt, 173

14. Juli

Man könnte es das „Salzkorn" allen christlichen Betens nennen, den Punkt, an welchem die Unterscheidung des Christlichen am deutlichsten und schärfsten durchschlägt: dass im Gebet zu Gott immer der Bruder, immer der andere mit da ist, dass im Ich-Sagen des Beters immer ein Wir-Sagen eingeschlossen ist.

Aus: Gerufen und verschenkt, 114

15. Juli

Vielleicht ist es einmal gut, nichts anderes zu wollen, als still zu werden. Wir werden dann erst merken, wie viele Stromstöße von Gedanken, Eindrücken, Vorstellungen durch uns hindurchgehen. Wir sind wie in einer Flut, die uns andauernd von uns selbst wegschwemmt, nicht zu uns kommen lässt.
Für das Beten ist es nicht einmal entscheidend, dass wir diese absolute Stille erreichen. Es kann sogar „richtig" sein, wenn es

uns trotz allen Bemühens nicht gelingt. Denn das können wir erkennen: In diesem undeutlichen und unbewältigbaren Strom bin ich doch ich selber, ich, der mir Gegebene und Aufgegebene, ich, der sich selbst immer wieder Entrinnende. Und dann dürfen wir sagen: Nicht ich vermag mich, nicht ich kenne mich, nicht ich habe mich, aber du, tiefer innen als mein Inwendigstes, du kennst mich und durchschaust mich, weißt um mich und bejahst mich, sagst Du zu mir.

Aus: Das Wort für uns, 91f

16. Juli

Warum sind in unserem Gebet der „Vater“ und das „unser“, also unsere Gemeinsamkeit, so unlöslich zusammengespannt? Es liegt am Standort unseres Betens selbst, am Standort, an dem wir uns als Christen vor Gott finden. Wir können da an keinem anderen Platz stehen als in Jesus Christus; wir können nur in ihm und in seinem, dem Heiligen Geist zum Vater rufen. In ihm aber stehe ich, weil ich selbst von ihm angenommen, von ihm übernommen, von ihm zum Vater getragen bin. Es ist jedoch dieselbe Gebärde, dieselbe Liebe, dieselbe Hinnahme, derselbe Gestus der Annahme, der dich und die anderen und mich zu ihm trägt. Erlöst sein von Jesus Christus, geliebt sein von Gott, das heißt: sich hineingeben in die ganz und gar je mir zugewandte, aber darin zugleich den anderen, jedem anderen, ganz zugewandte Liebe. Und ich nehme diese Liebe nicht an, stelle mich nicht in sie hinein, wenn ich nicht bedingungslos und barmherzig, wie Er barmherzig ist, den anderen mit annehme.

Aus: Gerufen und verschenkt, 116f

17. Juli

Gemeinsam beten, in Versammmlung mit anderen auch in mir selbst gesammelt sein: Das geht als Grundzug christlichen Betens im elementarsten aller Gebete auf, in jenem, das der Herr selber uns zu beten lehrte.
Wer dieses Gebet spricht, der sagt nicht nur „Vater", er sagt auch „unser". Er erwartet in diesem Gebet alles von Gott allein, aber erwartet es im Wir. Und in einem Punkt ist der Beter auch als Täter gefordert, nur dieser eine Punkt bringt menschliche Aktivität unmittelbar ins Spiel. Es ist der konstitutive Beisatz der Vergebungsbitte: „wie auch wir vergeben unsern Schuldigern". Das Vaterunser lässt sich nur beten, wenn das Subjekt dieses Betens, eben das Wir, nicht gebrochen ist. Und dieses Wir bricht nur von uns aus. Ich kann nur zu Gott beten, wenn ich im „Wir" vor ihm stehe, wenn dieses Wir zumindest, sofern ich allein bete, in der Transparenz und Versöhntheit meines Herzens gegenwärtig ist.

Aus: Gerufen und verschenkt, 115

18. Juli

Ich kann und soll in der Kammer meines Herzens zum Vater rufen (vgl. Mt 6,6), aber ich kann es nur als ein mit den anderen Versöhnter und in Liebe Geeinter. Und so hat Beten, hat Schwerpunktverlagerung unseres Daseins auf Gott allein zu nur diese eine Voraussetzung, auf dass es wahrhaft gelinge: Ich darf das Wir, das zu mir gehört, zu dem ich gehöre, nicht brechen, nicht im Bruch lassen. Dabei spielt nicht die Frage, ob ich oder der andere schuld ist, die entscheidende Rolle, es geht vielmehr einfach darum, dass diese gottgefällige, Gott entsprechende Einheit und Versöhntheit da ist. Deswegen ist es notwendig, dass jene, die das Vaterunser miteinander beten, sich in dieser Bitte vor Gottes Antlitz als versöhnlich und versöhnt bekennen. Und deswegen ist es, wenn ich meine Gabe zum Altar bringen will, notwendig, sie dort zu lassen und zuvor mich mit dem anderen zu versöhnen, falls er etwas gegen mich getan hat (vgl. Mt 5,23f). Ja, diese Versöhnung miteinander ist *der* Beitrag zu unserem Gebet, der uns nicht abgenommen werden kann.

Aus: Gerufen und verschenkt, 115f

19. Juli

Es gilt sich hineinzuwerfen in das Vertrauen zum Vater, in die Bereitschaft, dass sein Name sich als heilig erweise, sein Reich komme und sein Wille geschehe. Doch das ist die Probe auf diesen Schritt, das ist der Boden, der ihn trägt: die Versöhnung. Nur wenn mir der Name des anderen heilig ist, ist mir Gottes Name heilig. Nur mit dem anderen kann ich dem kommenden Reich entgegengehen. Liebe, Versöhnung sind Wille des Vaters im Himmel und auf Erden.

Nur gut, dass wir auch um die persönliche Umkehrwilligkeit und um die Versöhnungsbereitschaft mit dem Nächsten bitten können. Wie könnten wir sonst überhaupt beten, solange wir als Jünger Christi nicht das ganze Maß seiner Einheit erreicht haben? Und umgekehrt erhellt sich aus diesem Zusammenhang auch die Bedeutung des Gebetes Jesu für die Einheit der Seinen (vgl. Joh 17,21-23), der Vorrang, den das Gebet um die Einheit und die Bemühung um die Einheit unter den Anliegen unseres Betens und Handelns haben.

Aus: Gerufen und verschenkt, 116

20. Juli

Vor Gott sein, in Gott sein, das heißt in dieser Versöhnung sein, die in Jesus Christus dich und mich und alle verbindet. Dem vertikalen Gebet zum Vater hin entspricht untrennbar das horizontale „Gebet“, die Schwerpunktverlagerung zwischen dir und mir in die Einheit, in die Gemeinsamkeit hinein: in Jesu Namen.

Aus: Gerufen und verschenkt, 117

21. Juli

Eines der kostbarsten Stücke des Neuen Testaments über das Gebet sind die beiden Verse in der „Gemeinderede“ Jesu aus dem Matthäusevangelium: „Weiter sage ich euch: Alles, was zwei von euch auf Erden gemeinsam erbitten, werden sie von meinem himmlischen Vater erhalten. Denn wo zwei oder drei in meinem Namen versammelt sind, da bin ich mitten unter ihnen“ (Mt 18,19f). „Gemeinsam erbitten“ – im Urtext klingt es freilich noch viel radikaler: Es geht um ein Übereinstimmen (symphonein) in irgendeiner Angelegenheit, so dass zwei einmütig darum bitten. Es dürfen ungezählt viele sein, aber mindestens müssen es eben zwei sein, damit diese Gemeinsamkeit zum Zuge komme. Diese zwei oder mehr machen sich von ihrem bloß eigenen Denken und Wollen so frei, dass sie, ganz und gar eines Sinnes geworden, in dieser Sache vor den Vater hintreten können: Ja, so dürfen wir es dem Vater anvertrauen!

Aus: Gerufen und verschenkt, 118

22. Juli

Wo sich Einswerden in der Hingabe an den Vater ereignet, dort wahrhaft ist Versammlung in Jesu Namen, dort wahrhaft ist er selbst. Und wo er ist und vor dem Vater steht, da ist Erfüllung. Man kann so nicht beten, um Gott zu überlisten, um ihm etwas abzutrotzen. Man kann so nur beten, um ganz eins zu sein mit Gott und seinem Willen – und daraus erwächst Offenheit, dass Unerhörtes geschehen kann.
Für mich als Priester gehört diese Weise des Betens zu den dringlichsten Pflichten und beglückendsten Geschenken, um meinem Auftrag gerecht zu werden. Wenn es darum geht, dass Kirche Kirche sei; dass Menschen glauben können; dass wir den Himmel finden und den Himmel geben, dann kann dies von keinem anderen Ort aus fruchtbarer und zeugnishafter geschehen als von jenem Himmel zwischen uns, in welchem der Herr mit uns und in unserer Mitte im Geist zum Vater ruft und vom Vater erhört wird.

Aus: Gerufen und verschenkt, 118f

23. Juli

Wo ich zum großen Gott, aber eigentlich noch unmittelbarer zum nahen Menschen, in dem dieser große Gott zugegen ist, zu Jesus Christus, sagen kann: „Herr, du hast mich erforscht, und du kennst mich. Ob ich sitze oder stehe, du weißt von mir“ (Ps 139,1f), da werde ich mit mir vertraut. Wer ich bin, woher soll ich es wissen? Aber eines weiß ich, dass du mich kennst. Ich kenne mein Gekanntsein von dir, von deiner Liebe. Ich finde mich als der von dir Ausgehaltene und Bejahte, finde mich in deinem Herzen, in deiner Wunde, und so kann ich leben, kann ich zurückstoßen auf mich selber, ich selber sein.

Aus: Gerufen und verschenkt, 60

24. Juli

Liturgie in ihrer Vollgestalt ist Wort und Leib und Leben. Sie ist als ganze *Wort*. Das Wort, das Gott in Jesus Christus an die Menschheit richtet, wird in ihr zum Wort, das die Menschheit mit Jesus Christus an den Vater richtet.
Dieses Wort aber ist Fleisch geworden, hat sich uns dargebracht, hat uns sich einverleibt, auf dass wir uns selber und ihn selber als *Leib*, als Zusammenfassung und gestalthaften Ausdruck der ganzen Menschheit und Schöpfung ihm darbringen.
Und die Liturgie ist *Leben*, das Gott uns schenkt und das wir mit ihm leben dürfen; Leben, das nicht verlöscht, sondern in Gott hinein vergeht, um in ihm weiterzugehen. In der Liturgie nehmen wir teil an diesem Leben Gottes, das uns verbraucht und darin erhält und vollendet. Dann aber muss auch unser Leben Liturgie werden, das wir hineingeben in die gefeierte Liturgie, welche die ewige Feier anfanghaft vorwegnimmt, jene ewige Feier, die unser ewiges Leben sein wird.

Aus: Gerufen und verschenkt, 102

25. Juli

Liturgie ist kein Überbau, kein Zusatz, Liturgie ist der Zusammenklang meines Lebens mit dem Leben der Kirche, mit dem Leben der Menschen im Ganzen.

Aus: Gerufen und verschenkt, 105

26. Juli

Wer nur in sich hineinhört, darf nicht sicher sein, Gott, den ganzen, wirklichen Gott zu hören – so wenig wie der, der nicht in sich hineinhört. Gott hat sein eines und selbes Wort mir und allen gegeben. Dieses göttliche Wort an mich und an alle ist das Wort des Evangeliums, das Wort, das in seiner Kirche lebt. Ich muss das Wort, das ich von Gott her in mir höre, „zusammenhören“ mit dem Wort, das ich im Evangelium, das ich in der Kirche höre; denn es ist grundsätzlich dasselbe Wort. Gewissen ist das Organ dieses Zusammenhörens. Ich bin von Gott angesprochen als einer, der für andere und mit anderen da ist.

Aus einem Artikel, 1972

27. Juli

Wenn ich durch mein Bistum fahre, dann denke ich oft: Gottes Landkarte sieht anders aus als die deine! Wo fallen die wirklichen Entscheidungen, wo wird jenes Ja gesprochen oder verweigert, an dem die Zukunft nicht nur eines Einzelnen, sondern vieler hängt? – Manchmal freilich habe ich den Eindruck, Gott lässt uns doch ein wenig von seiner anderen Perspektive ahnen. Drei Gruppen von Menschen scheinen mir immer wieder in der Ordnung Gottes einen besonderen Stellenwert einzunehmen – die Kinder, die Alten und Kranken, die Ordensleute. Es fällt mir jedenfalls auf, dass bei Worten und Anliegen, die ich ins Bistum gebe, diese Menschen mit einem besonders feinen Gespür reagieren, besonders deutlich herausfinden, was nach Gott und dem Evangelium schmeckt.

Aus einer Predigt, 26.2.1980

28. Juli

Bruder unser, der du bist auf der Erde. Du bist unser Bruder, mein Bruder, du bist willkommen!
Dein Reich komme: Zukunft für dich. Deine Zukunft soll meine Zukunft sein.
Dein Wille soll geschehen können hier auf Erden. Du sollst deine Wünsche, deine Gedanken mir sagen können. Du sollst in mir und in uns einen Raum finden, in dem du verstanden wirst.
Ich möchte in jener Bereitschaft zum Teilen leben, dass du wirklich mir glauben kannst, dass ich in der göttlichen Gütergemeinschaft lebe und deswegen mit dir und zu dir beten kann: Mein Brot ist dein Brot. Dein Brot ist mein Brot.
Und ich möchte dich, Bruder, um Verzeihung dafür bitten, dass ich immer wieder aus meiner eigenen Perspektive an dir vorbeigelebt habe. Dann wird auch dir und mir Vergebung im Himmel, neuer Anfang harren.
Ja, dann wirst du mich nicht in die Versuchung führen, dass ich mich so in meinen Problemen verrenne, dass ich Gott nicht mehr finde. Sondern ich werde ihn finden. Nicht in der Versuchung, sondern in jener Freiheit, die erlöst ist vom Bösen.

Aus einer Predigt, 2.1.1980

29. Juli

Jesus, hilf mir, in jedem „ich", das ich sage, zugleich „du" zu dir zu sagen, mich zu öffnen zu dir hin, so dass dein inwendiges Du mein Ich öffne und löse. Schenk mir den Geist dieses

beständigen Gebetes, dieses stillen Verweilens in deiner Gegenwart. Lass das Wissen, dass du da bist, wie eine Grundwelle sein, die den Strom meines Lebens durchzieht und so mich deinen Frieden haben und geben lässt.
Lass mich in jedem Du, das mir begegnet, durchstoßen bis zu dir. Lass mich erkennen, dass du im Nächsten und Fernsten, im Sympathischen und Unsympathischen, im Mir-Gleichen und Mir-Fremden mich anblickst, so dass ich jedesmal, wenn ich es mit meinem Nächsten zu tun habe, wahrhaft mit dir zu tun habe.
Du bist das Ja, das grenzenlose und unbedingte Ja zu meinem Nächsten. Und wenn ich hinfinde zu dir in ihm, dann gewinnt deine Liebe in mir Gestalt, dann bin ich der Bote deines Heils und bin ich selbst geheilt durch deinen Tod, der hier und jetzt mich durchdringt.

Aus: Gerufen und verschenkt, 69f

30. Juli

„Was ihr für einen meiner geringsten Brüder getan habt, das habt ihr mir getan" (Mt 25,40).
Es ist gut, dass wir in langer und ehrwürdiger Tradition dieses Wort auf die Ärmsten, die Schwächsten, auf jedermann hin ausgelegt haben. Aber es ist auch gut, dass wir daran denken: Du selbst kommst zu uns in deinen Boten, du selbst kommst zu uns in der manchmal herben und rauhen Stimme deiner Kirche. Lass mich hier nicht mich abschotten gegen dich in meinem Besserwissen, in meinem Urteil, in meinem Konkurrenzdenken, weil ich schließlich ja auch etwas von Kirche verstehe. Lass mich auf dich hören, lass mich den letzten Bruder,

Papst und Bischof, als deine Gegenwart, als dein Sakrament annehmen und lieben und nicht ruhen, bis ich in der Stimme deiner Braut deine, des Bräutigams Stimme ganz und lauter vernommen und angenommen habe.

Aus: Gerufen und verschenkt, 70

31. Juli

Jesus, du hast uns verheißen: „Wo zwei oder drei in meinem Namen versammelt sind, da bin ich mitten unter ihnen" (Mt 18,20). Lass mich dieses Wort so ernst nehmen, dass ich wahrhaft Bahnbrecher deiner Gegenwart inmitten meines Hauses und meiner Familie, inmitten des Kreises bin, in den du mich hineingestellt hast. Wo Menschen um deinetwillen sich versammeln, da ist Raum, in welchem du sein willst. Deine Verheißung ist sicher – aber erfüllen wir, erfülle ich die Bedingungen, dass sie sich einlösen kann? Die Kirchenväter, die nicht selten dieses dein Wort bedachten, wussten, dass es nicht selbstverständlich ist, dem Maß gerecht zu werden, das du uns nennst: „in meinem Namen". In deinem Namen sind wir nur, wenn wir übereinstimmen in deiner Liebe, wenn wir die Einheit des Denkens in dir, wenn wir das lautere, von Vorurteilen und Urteilen freie Zueinander, kurzum, wenn wir miteinander deine ganze Wahrheit und deine ganze Liebe suchen. Bin ich nicht gerade dazu bestellt, dass ich immer und immer wieder der Anwalt deiner Gegenwart in unserer Mitte sei?

Aus: Gerufen und verschenkt, 70f

Antworten auf die Liebe

1. August

Wer sich um Gott dreht, wer, von sich selbst befreit, in die Schwingung des göttlichen Lebens gerät, der wird sich auch um seinen Mitmenschen drehen, wird ihm das Zeugnis der Freiheit schenken, zu der Christus ihn befreit. Sein Leben wird dem anderen sagen: Du bist nicht allein, du bist nicht verfangen in dir selbst, du bist auch nicht nur ein Rädchen im undurchschaubaren Räderwerk der Welt; ich bin für dich da!
Und so wird er glauben können: Gott ist für ihn da.

Aus einem Artikel, Dezember 1969

2. August

Ich darf Gottes liebendes Dasein für mich und die anderen zum Inhalt aller meiner Stunden machen. Vielleicht weiß ich nicht, was ich dir, meinem Nächsten, jetzt geben oder sagen kann. Aber ich weiß, dass er, der mich geliebt hat, dich mit derselben Liebe liebt. Und so kann ich dir sein Ja weitersagen durch diesen Blick, durch diese Gebärde, durch dieses schweigende Dasein mit dir oder auch durch diese Tat und dieses Wort. Und jede Stunde hat diesen Inhalt. Ihre Leere und ihre Öde gehören meinem großen Bruder, Jesus, und die Öde und

Leere meines Nachbarn gehören mir. Ich bin in dieser doppelten Richtung, bin auf Jesus Christus hin und bin auch auf meinen Nächsten hin andauernd über mich hinausgehoben, frei von mir, frei zu Gott, frei zur Welt.

Aus einem Artikel, Dezember 1969

3. August

Liebe wird möglich, weil ich nur das wahr mache, was schon da ist: das Ja Gottes zu den Menschen. So ist Nächstenliebe keine ethische Leistung, der Mensch realisiert Liebe nicht aus sich selbst, sondern aus dem Ja Gottes.

Aus einem Vortrag, 1971

4. August

Letztlich ist die Sehnsucht des Menschen, ganz lieben zu wollen, und die Ohmacht, nicht lieben zu können, allein dort aufgehoben, wo der eine große Satz als Glaubensbekenntnis gesprochen wird: „Ich glaube an die Liebe" (vgl. 1 Joh 4,16).

Aus: Ein Gott ohne Zukunft?, 56

5. August

Christsein – das heißt glauben an die Liebe, die Gott hat und die Gott ist, das heißt, alles, auch die Welt und den Menschen, von dieser Liebe her und auf sie hin verstehen, das heißt schließlich, der Liebe Gottes mit dem eigenen Leben und Handeln die Antwort der Liebe geben.

Aus einem Artikel, 1972

6. August

Zur Liebe gehört es sicher, Zeit zu haben. Wer liebt, hat seine Zeit nicht für sich allein; in der eigenen „Zeit", in dem, was mich beschäftigt und bewegt, geht der andere mit, geht das mit, was ihn beschäftigt und bewegt. Liebende haben sozusagen einen einzigen Terminkalender; sie wollen möglichst viel Zeit innerlich und äußerlich füreinander und miteinander haben. Liebe, so lässt sich sagen, heißt „Gleichzeitigkeit".
Und genau das ist die Liebe Gottes zu uns und unsere Liebe zu ihm. Gott hat sein eigenes Leben geöffnet in unsere Zeit hinein, er hat sich buchstäblich Zeit genommen für uns: Sein Sohn hat sich die Zeit eines Menschenlebens genommen, um das, was wir, ja das, was alle Menschen aller Zeiten erleben und erleiden, mitzuerleben, mitzuerleiden und es in Gottes ewiges Leben hineinzutragen.
Jesus Christus ist die „Gleichzeitigkeit" Gottes mit der Welt, mit den Menschen. Er ist der Gott, der ganz beim Menschen, er ist aber auch der Mensch, der ganz bei Gott ist.

Aus einem Artikel, 1972

7. August

Ich muss als Erster lieben, damit ich erkenne, dass Gott als Erster geliebt hat. Und gerade indem ich mich ganz und gar erfüllen lasse von seinem Erbarmen, von seiner Vergebung, von seiner Liebe, bekomme ich die Kraft und den Mut, auf die anderen zu den ersten Schritt zu tun.

Aus einem Artikel, 1977

8. August

Die radikale Liebe, die Jesus von uns verlangt, die Liebe, die nicht Böses mit Bösem vergilt, sondern immer neu den Anfang mit dem Guten macht, ist einerseits die Konsequenz daraus, wie Gott selber ist. Sie ist andererseits aber auch die Voraussetzung dafür, dass dieser Gott uns erfüllen, dass dieser Gott uns zeigen kann, wie groß und wie gut er ist.

Aus einem Artikel, 1977

9. August

Der Vater im Himmel kennt keine Partikularinteressen, keine Sorge um nur eigene Interessen, er macht keinen Unterschied zwischen Menschen, die er mag, und anderen, die er nicht mag. Er lässt seine Sonne aufgehen über Gute und Böse und lässt regnen über Gerechte und Sünder. Und ihm liegt nicht daran, dem, was verloren ist, Vorhaltungen zu machen, sondern es liegt ihm daran, gerade das Verlorene zu sammeln und zu bergen an sein Herz. Weil er der Vater ist, weil er ein Herz hat, deswegen trifft ihn das, was am Rande steht, besonders tief ins Herz.

Weil der Vater so ist, darum ist auch Jesus so. Und darum will er, dass auch wir so sind. Als Söhne des Vaters im Himmel sollen wir in verschwenderischer Freigebigkeit etwas von der Zuneigung, der Vorliebe, der Leidenschaft des Vaters zum Letzten und Ärmsten mitleben.

Aus einem Vortrag, 1.7.1977

10. August

Die Worte *Ja* und *Für* gehen zumal uns Christen als jene Worte auf, in denen wir Gottes Liebe, sein Verhalten seiner Welt gegenüber ausdrücken können. *Ja* und *Für*, dieser Anspruch Gottes fordert von mir, dass ich keinen und nichts von meinem Denken ausschließe und es zumal jenen zuwende, die am Rand stehen, die der Hilfe am meisten bedürfen, denen Gott durch seine „Vorliebe" besonderen Adel verliehen hat.

Aus einem Vortrag, 17.11.1978

11. August

Um mich allen zuzuwenden, muss mein Herz verankert sein in Gott allein, bereit zum immer neuen Abschied und immer neuen Weitergehen. Nur so werde ich in lauterer und ganzer Liebe mich selber, mit Leib und Seele, mitbringen zu denen, wohin sein Wille mich schickt. Ich werde aber zu ihnen nicht kommen als einer, der nur etwas zu bringen und zu geben hat, sondern ich werde ihnen Bruder sein, so dass Gemeinschaft wachsen kann, Gegenseitigkeit.

Aus: Gerufen und verschenkt, 35

12. August

Jeder, der mir begegnet, ist nicht nur von Jesus her mein Du, sondern ich bin mit ihm schon eins in jener Liebe, die ihn und mich erlöst. So ist grundsätzlich mit jedem Einheit, Gemeinschaft möglich, auch wenn diese gerade nicht „gemacht werden kann. – Der Blick auf Jesus, auf seine freilassende Liebe lässt mich verstehen, dass ich den anderen nicht in den Vollzug des Wir hineinzwingen kann und darf. Immer aber habe ich die Zusammengehörigkeit, das verborgene Wir zu leben, das aus der Liebe des Herrn vorgegeben ist. Ich stehe nicht für mich allein, ich kann nie sagen: „Sieh du zu! Ich bin mit dem andern umspannt in jenem Wir, das nicht Schicksals- und Schuldgemeinschaft bedeutet, sondern Gemeinschaft aus der uns dieselbe Zukunft gönnenden und zuwendenden Liebe. Wir sind nicht Summe isolierter Einzelner oder aus vielen Einzel-Ich zusammengesetztes Groß-Ich, sondern lebendige Beziehung von vielen, die um so tiefer geeint sind, weil sie enthalten sind in dem Einen, der jeden als ihn selbst und alle füreinander und aufeinander zu befreit hat.

Aus: Gerufen und verschenkt, 62f

13. AUGUST

Wo in einem Menschen etwas da ist wie Helfenwollen, Schenkenwollen, Gutsein, Interesse am anderen, da sprüht jener Funke auf, der etwas vom Licht Gottes in die Welt trägt.

Aus: Gerufen und verschenkt, 144

14. AUGUST

Bei Tagesanbruch verließ Jesus die Stadt und ging an einen einsamen Ort. Aber die Menschen suchten ihn, und als sie ihn fanden, wollten sie ihn daran hindern wegzugehen. Er sagte zu ihnen: „Ich muss auch den anderen Städten das Evangelium vom Reich Gottes verkünden; denn dazu bin ich gesandt worden“ (Lk 4,42f). Zuwendung bedeutet auch immer Aufbruch, Abschied, Blick aufs Ganze. Dieses Ganze, dieses Dasein für alle neutralisiert nicht Jesu Dasein für den je Einzelnen. Aber es unterscheidet diese Zuwendung von jener Haltung, die sich in den Einzelnen verliert, auf ihn fixiert, Liebe eng werden lässt und dadurch auch den, dem sie gilt, im Grunde beengt und verengt. Von innen her ist die Freundschaft Jesu nicht die Selbstbestätigung des anderen unter Zuhilfenahme göttlicher Liebeskraft und Autorität. Indem Jesus den anderen ganz annimmt, öffnet seine Liebe diesen anderen zugleich über sich hinaus. Das ganze Erbarmen erspart dem anderen nicht die Entscheidung, sondern ermöglicht sie ihm.

Aus: Gerufen und verschenkt, 178f

15. August – Aufnahme Marias in den Himmel

Maria: Gottesgebärerin und Jungfrau. Ganz erlöst bis in die Wurzeln und bis in die Konsequenzen hinein, dadurch vor der Erbsünde bewahrt, sündelos geblieben und erhalten und vollendet mit Leib und Seele schon jetzt in der Herrlichkeit des Auferstandenen. Sie ist die Einzelne, sie ist eine geschichtliche Person, nicht nur eine Idee; aber als diese Person ist sie sozusagen das Ur- oder Vorbild des Glaubens, das heißt nicht nur eine v[illegible]eten, sondern zugleich auch eine für alle und im Ge[illegible] in allen. Sie ist persönlich anrufbar bei ihrem Sohn, sie kann und will von uns auch als unsere Mutter verstanden und angerufen werden.

Aus einem Vortrag, 26.4.1989

16. August

Wer auf die Liebe in der neutestamentlichen Botschaft schaut, dem ist sie zwar auch Gebot, aber sie ist zuerst Geschenk; sie ist zuerst das, was durch Gott in die Welt kommt und worin Gott sich selbst und das offenlegt, was der Welt das Heil bringt und was, als Lebensform und Lebensinhalt angenommen, selber heil ist. Nur die Liebe kann Gott verherrlichen, nur die Liebe treibt dazu, sie weiterzugeben an die Menschen, damit sie das Leben haben; nur die Liebe stiftet, erhält und erfüllt jene Gemeinschaft, in welcher wir mit Gott verbunden sind und Gottes Leben in unserem Leben vollbringen und spiegeln.

Aus: Gerufen und verschenkt, 190

17. August

Wer liebt, gibt an sich selber teil, der geht als Liebender aus sich heraus, über sich hinaus. Er ist nur so er selbst, er bleibt nur so in sich selbst. Sich haben heißt sich geben; in sich stehen heißt sich öffnen; selber sein heißt Ursprung sein, also entspringen lassen; Leben haben heißt Leben geben. Licht strahlt; Quelle bedeutet entspringen lassen. Solchem Ausgang korrespondiert von Anfang an aber die Gegenbewegung des Eingangs. Wer liebt, der gibt Anteil an sich, der lässt in sich ein, der nimmt in sich auf. In seinem Ausgang ruht er zugleich in sich; in seinem Gehen aus sich geschieht zugleich Eintritt in sich. Ausgang und Vollendung sind eins.

Aus: Gerufen und verschenkt, 193f

18. August

Wie geht es dir?, das heißt: Ich habe das Fragen vor dem Sagen.
Wie geht es dir?, das heißt: Ich habe Zeit nicht nur für die Arbeit und für die anderen, sondern Zeit auch für dich und ach-

te auf deine Zeit, die meine Frage und mein Interesse braucht. Wie geht es dir?, das heißt: Ich will mit dir gehen; ich finde mich nicht nur damit ab, sondern ich nehme an, dass du mein Nächster bist.
Wie geht es dir?, das heißt: Du selbst bist mir wichtig, nicht nur, was du tust; du selbst und jene, die zu dir gehören, deine Familie, deine Welt.
Fragen, bei denen es, wenn wir ehrlich sind, in uns und zwischen uns „knirschen“ wird. Ziehen wir uns davor nicht zurück, sprechen wir miteinander. Zeit füreinander ist Zeit für Ihn, Zeit für uns, Zeit für die anderen. Es ist Zeit dessen, der zu uns abgestiegen ist. Steigen wir ab zueinander!

Aus einem Brief, Dezember 1989

19. August

Wir lassen uns von Gott damit beschenken, dass wir Geliebte sind, dass wir Menschen, jeder von uns, *ich-selbst* sein dürfen, und wir setzen diese göttliche Erlaubnis, *ich-selbst* zu sein, aus der Liebe heraus, so um, dass unser Ich-Selbst-Sein zur Erlaubnis für den anderen wird, auch seinerseits *er-selbst* sein zu dürfen, und dass darin das große göttliche Ja zu ihm sichtbar wird: Menschsein, reines und lauteres Menschsein.
Und wenn wir das miteinander tun, dann ist Er, der *der* Mensch ist, in der Mitte. Und indem er in uns seine Menschlichkeit zeigen kann, ermächtigt er Menschen zum [illegible] sein und zeigt ihnen darin, [illegible] stehen, sondern dass sie [illegible] stehen, der sie Mensch sein lässt und sie liebt.

Aus: Ein Gott ohne Zukunft?, 57

20. August

Indem wir weder unser Recht und unsere Idee durchdrücken noch uns draußenhalten aus den Spannungen und Konflikten, sondern hineintreten in den Riss und den Zwist, die zwischen Menschen aufbrechen, gilt uns die Seligpreisung der Friedensstifter, Söhne Gottes zu heißen (Mt 5,9).

Aus einem Vortrag, 1971

21. August

Der innere Friede gründet im Triumph der Barmherzigkeit Gottes in uns (Johannes XXIII.).
Die Barmherzigkeit Gottes stärker sein lassen als alles andere in uns, sie siegen lassen in uns, heißt vor allem aber: vergeben, radikal vergeben ohne Rest. Gott macht neu, Gott schafft neu, Gott gedenkt nicht mehr dessen, was war. Ich aber trage es mit mir herum, ich sage: „Ich habe vergeben, aber vergessen kann ich nicht!“ Das ist kein christliches Wort. Die neue Schöpfung, die Gott in Christus uns schenkt, die neue Schöpfung, in der auch unsere Schuld so vergeben ist, dass nicht mehr ist, was vorher war, muss sich auch zwischen uns je neu ereignen.

Aus einem Vortrag, 1971

22. August, Maria Königin

Maria ist die Königin, die Mutter des Friedens, weil in ihr die Gnade Gottes den absoluten Triumph gefeiert hat. Sie war jenes reine Schweigen, in dem nichts vom Menschen mehr da war, sondern Gottes Erbarmen, Gottes Gnade ganz Gestalt gewonnen hat. Und wenn in uns seine Barmherzigkeit über alles andere triumphiert, wenn alles andere vor seinem Erbarmen schweigt, dann kann sein Wort in uns Fleisch werden, und wir können der Welt so den Frieden schenken.

23. August

Wo es um das Leben, das Recht und die Freiheit des Menschen geht, da muss uns die Barmherzigkeit Gottes den Mut geben, auch den Konflikt, auch die Auseinandersetzung, auch das Unpopulärwerden zu riskieren. Ohne das gibt es keinen Frieden, sondern nur den Waffenstillstand, der Kalter Krieg bleibt. Aber einem Test müssen wir uns zumindest stellen, um zu prüfen, ob es uns nicht doch nur um uns selber geht: Sind wir bereit, auch uns selber weh zu tun und weh tun zu lassen? Sonst handelt es sich gewiss nicht mehr um jene Barmherzigkeit, die allein triumphieren darf: die Barmherzigkeit, die den eigenen Sohn hingegeben hat für die Welt. Und noch etwas: Barmherzigkeit ist, wenn sie „hart" sein muss, auf solche Weise hart, dass der andere sich öffnen, dass er akzeptieren kann, was ihm zugemutet werden muss. Es geht nicht darum, die rechte Sache zu „vertreten", sondern darum, dass auch der andere sie als *seine* Sache versteht – nur das ist Triumph der Barmherzigkeit.

Aus einem Vortrag, 1971

24. August

Vertrauen hat mehr Recht als Angst. Unser Vertrauen muss sich aber dadurch bewähren, dass wir den Weg Jesu mitgehen, den Weg seines Gehorsams, seiner Hingabe. Nur so vermögen auch wir Heutigen hinauszuwachsen über die Engführungen, in die wir hineingeraten sind. Die Welt erhält wieder ihr Geheimnis, das Leben wird wieder zum Geschenk. Der „Überschuss“, der dem bloßen Berechnen und Erklären entgeht, kommt wieder ins Spiel. Sein Name heißt: Liebe.

Aus einem Artikel, September 1976

25. August

Ich glaube, dass es einen gibt, der für mich sein Leben hingegeben hat, und ich glaube, dass der andere, der bohrende, fragende, suchende, protestierende, sich entwickelnde, träumende, utopische Mensch, dass dieser Mensch auch geliebt ist. Und ich glaube, dass derselbe Gott sich für ihn hingegeben hat. Deswegen heißt glauben, an die Liebe für mich und für alle glauben, und wenn wir daran glauben, dann sind wir nicht bloß Empfänger von Licht, dann sind wir nicht nur eine Schale, in die Wasser hineingegossen wird, sondern wir werden selber zur Lichtquelle, wir werden selber zur Quelle des Wassers, des lebendigen Wassers für die anderen.

Aus einem Artikel, Oktober 1977

26. August

Das Ja, das Gott zu mir spricht, ist unteilbar dasselbe Ja, das er zu anderen spricht, und so wird mein Weg zu ihm Weg auf die anderen zu, Weg des Ja zu allen anderen. Im Glauben wächst jene Liebe, die sich zugleich Gott und den Nächsten zuwendet: Liebe führt zum Dienen.

Aus einem Artikel, Februar 1980

27. August

Weil der Sohn Gottes dich und mich angenommen hat, haben du und ich den gleichen Platz in seinem Herzen, deswegen ist unsere menschliche Beziehung zueinander neu. Wir gehören zusammen, wir sind eins miteinander, weil er uns zusammengebunden hat in sich selber, weil er zu uns beiden du gesagt hat. *Aus einem Artikel, Dezember 1980*

28. August, Augustinus

Augustinus beginnt seine Bekenntnisse, Zeugnis eines langen Weges zu Christus hin, mit dem Satz: „Unruhig ist unser Herz, bis es Ruhe findet in dir!“ Er hat die vielen Strophen eines bewegten und ungestümen Suchens und Fliehens, Fragens und Träumens lesen gelernt im Licht einer Liebe, die ihn persönlich meinte und ansprach und zog. Und dann begegnete er ihr und fand in ihr Ruhe, Ruhe, die keinen Schlaf bedeutete, sondern Aufbruch zu einem neuen Weg, zu einem Weg zeugnishafter Liebe. *Aus einem Artikel, 1980*

29. August

Fragen wir wirklich *Ihn*: „Meister, wo wohnst du?“, und folgen wir wirklich *Seiner* Antwort: „Kommt und seht!“ (Joh 1,38f)? Wenn wir uns aber nur ganz privat darauf einlassen, Ihn so zu fragen und Ihm so zu folgen, dann haben wir etwas Wesentliches unterlassen. Es geht entscheidend darum, dass wir *einander* fragen: Wo wohnst du?, dass wir *einander* einladen: Komm und sieh!, dass wir der Einladung folgen und *zueinander* finden. Nur so finden wir dahin, wo Er wohnen will.

Das Misstrauen, dass der andere uns doch nur für seine eigene Meinung haben will, dass wir nicht ganz willkommen sind, dass man miteinander doch nicht über das Entscheidende reden kann, dass wir aus verschiedenen Erfahrungs-, Denk- und Sprachwelten kommen, das ist einer der schwerwiegendsten Blockaden unseres je eigenen und unseres je gemeinsamen Dienstes. Hier liegt ein Mangel an einladender und anziehender Kraft von Kirche. Ich möchte nicht von objektiven und strukturellen Fragen ablenken; aber wir tun uns deswegen so schwer mit ihnen, weil wir einander nicht trauen und nichts zutrauen. *Aus einem Brief, Weihnachten 1991*

30. August

Der Herr hat sich dir und hat sich mir gegeben. So lebt derselbe in dir und mir, wir werden ein Leib. Es gibt also ein Innen, in dem das, was uns verbindet, stärker ist als alles, was uns trennt. *Aus einem Vortrag, 17.11.1978*

31. August

Allein im Mitleben des Lebens Gottes lernen wir unser Leben. In der Erfahrung des nahen Gottes erfahren wir uns selbst und unsere Welt, wie wir wirklich sind, wie wir vom Schöpfer und Erlöser her sind. Und dies allein ist die wahre Wirklichkeit. Als der eine Leib Christi dürfen wir mit Gott und dürfen wir miteinander kommunizieren. Und diese Kommunion trägt die Hoffnung in sich, dass unser verschenktes Dasein, das einmal Erde wird und Speise für den Kosmos, ankommt in der Liebe Gottes.

Aus: Ein Leib werden, 25

September

Sich der Welt zuwenden

1. September

Jene Einheit zu finden, die Freiheit nicht blokkiert, sondern gewährt, jene Freiheit zu erschließen, die Einheit nicht zerbricht, sondern stiftet, dies ist die schier unlösbar erscheinende Frage unserer Zeit.

Aus: Dreifaltigkeit, 5

2. September

Dein Reich komme. – Jesus sagt uns, wie die Zukunft ist. Sie ist nicht das Schlaraffenland; sie ist nicht ein Konzentrationslager; sie ist nicht eine Fabrik, in der wir „funktionieren“ müssen. Sie ist Hochzeitsmahl, Neue Stadt, Fest. Sie ist das Reich Gottes, er selbst in der Mitte, und alle sind in ihm Freunde. Dieses Reich wächst schon jetzt, wo wir miteinander die Freundschaft mit Jesus leben, wo er in unserer Mitte ist.

Aus einem Brief an junge Leute, Ostern 1981

3. September

Auf Spannungen kann man nie ganz verzichten, aber wo das Hören auf den Herrn im anderen zum Grundgesetz wird, da kann wirklich jenes vollkommene Zeugnis der Freiheit gegeben werden, in dem alle Ordnung steht.

Hier scheint ein Maß gesetzt, ein Modell aufgezeigt, das es uns mitten in unserer von Autoritäts-, Ordnungs- und Freiheitskrise bedrohten Zeit ermöglicht, wirklich Freiheit, Autorität und Ordnung zu leben: dort, wo eines lebt, die Liebe, und wo in dem einen der Eine lebt, der die Liebe ist – der Herr.

Aus einem Vortrag, 31.12.1969

4. September

Alles, was in der Welt geschieht, und alles, was in der Welt zu geschehen hat, findet sein Maß darin, dass Gott Liebe ist. An diese Liebe vermag der, der sich durch Jesu liebende Hingabe am Kreuz bis zur Gottverlassenheit erlöst weiß, in allem, auch dem Rätselhaftesten, zu glauben; mit dieser Liebe vermag ihn alles, was er erfährt und dem er begegnet, zu verbinden; aus dieser Liebe erwächst ihm in allem, was er zu tun, zu gestalten und zu bewältigen hat, der Auftrag, sie zu bezeugen, sie Gestalt werden zu lassen.

Aus: Offene Weltformel, 104f

5. September

Zur Theologie, zum Dialog, zur Planung und Organisation muss noch etwas hinzukommen – oder richtiger, dies alles muss einen Grund haben, der es trägt: den in den Bedingungen unserer Welt inkarnierten und gelebten Glauben, mehr noch, die Gemeinschaft gelebten Glaubens angesichts der Abgründe, aber auch der Chancen unserer Stunde.

Aus: Kirchen, wollt ihr euch behaupten?, 7

6. September

Der am Ende der Geschichte der Menschheit die volle Gerechtigkeit schenken will, er hat uns auch die Kraft und den Maßstab gegeben, um hier und jetzt für diese Gerechtigkeit zu arbeiten. Weil wir auf ihn hoffen, weil er ja zu mir sagt, haben wir jetzt schon die Chance, ein unenttäuschbares und ganzes Ja zu jedem anderen zu sagen, für ihn dazusein, sich an ihn zu verschenken. Die neue Gerechtigkeit fängt schon jetzt an, wo wir lieben wie er. Und wo wir das tun, werden wir in zähem und doch heiterem Realismus auch jetzt schon dafür sorgen, die gegebenen Verhältnisse in unserer Gesellschaft so zu verwandeln, dass sie ein Zeichen werden für die Gerechtigkeit, auf die wir hoffen.

Aus einem Artikel, Dezember 1973

7. September

Das Innerste und Tiefste, was wir von Gott sagen können, ist dies, dass er dreifaltiges Sich-Verschenken ist. Er, der sich uns schenkt, ist in sich selber Sich-Schenken und Geschenk. In diesem ewigen Geschehen der Anrede und der Antwort in Gott geschieht Gerechtigkeit, findet Gerechtigkeit ihr Urbild und ihr Zielbild.

Aus einem Artikel, Dezember 1973

8. September

Dass der Christ, weil er Christ ist, nicht an der politischen Veranwortung vorbeigehen kann, versteht sich von selbst; dass christliche Hoffnung, die sich nicht im Maß des Machbaren und Erreichbaren erschöpft, den Realismus, die Menschlichkeit und den unenttäuschbaren Mut zu immer neuem Handeln für den Menschen in der Politik nährt, steht vom Wesen und Anspruch des Christlichen ebenfalls außer Zweifel. Gleichwohl ist das Politische mehr als bloße „Anwendung" des Christlichen und erschöpft sich das Christliche nicht in dem, was Politik für den Menschen erreichen kann und versuchen darf. Politisches und Christliches können nur dann füreinander fruchtbar werden, wenn sie sich aneinander freigeben, wenn sie sich voneinander unterscheiden, um in solcher Unterscheidung Impuls füreinander zu werden. Impuls füreinander; denn auch das Christliche kann in seinem Verständnis und in seiner Realisierung vom Politischen lernen.

Aus: Unterscheidungen, 112

9. September

Nicht darum geht es beim christlichen Einsatz für die Gerechtigkeit, dass alle Güter möglichst gleichmäßig verteilt sind, sondern darum, dass jeder ein Leben hat, das sich Leben nennen kann – und Leben kann es sich nennen, wenn der Mensch nicht nur der Konsument einer hinreichenden oder auch reichlichen Ration von Lebensmöglichkeiten ist, sondern wenn er sich selbst öffnen, sich selbst weiterschenken kann. Erst wenn wir Glieder sind aneinander, nur wenn wir das Leben einander verdanken, ist das Maß des menschlichen Lebens erreicht und ist das Maß des göttlichen Lebens in Sicht.

Aus einem Artikel, Dezember 1973

10. September

Lebensräume dürfen nicht wohl ausstaffierte Einzelzellen eines hotelartigen Riesengefängnisses werden, sondern müssen Begegnungsräume werden, in denen der Mensch den Menschen erwarten und empfangen kann, mehr noch: in denen der Mensch Gott erwarten und empfangen kann.

Aus einem Artikel, Dezember 1973

11. September

Worauf es in allem ankommt, ist die Kommunikation, das umfassende Zueinander und Füreinander aller. Wenn jeder, wenn gerade auch der „andere“ von sich aus eintreten kann in solche unbeschränkte Offenheit, dann hört er auf, nur der „andere“ zu sein, dann ist er nicht mehr der Betreute und Außenseiter, sondern dann tritt er selbst hinein ins Innen jener Solidarität, in welcher christlicher Dienst und mehr noch: erlöste Existenz beginnt.

Aus einem Artikel, Dezember 1973

12. September

Christen leben aus einem Heil, das Heil für die Welt, aber nicht Heil von der Welt ist. Christen leben aus einem Heil, das uns geschenkt werden, das uns zukommen muss, das wir also nicht selber konstruieren, nicht innerweltlich erreichen können.

Diese Zukunft aber ist prägend schon für die Gegenwart, ja sie ist bereits anfängliche Gegenwart in der Weltgegenwart und eröffnet dieser das Maß und die Chance. Wir leben also in einem Glauben, der uns sagt, dass das Heil nicht bloß ein überirdisches Ideal ist, sondern dass der, der das Heil ist, einsteigt in diese Welt, eine positive Beziehung annimmt zu ihr und uns damit befähigt zur Gestaltung dieser Welt, nicht in dem Sinne, dass wir ihr Heil machen, wohl aber, dass wir es zeichenhaft zu bezeugen wissen.

Aus einem Vortrag, 25.10.1975

13. September

Die Welt ist Welt des Menschen, aber der Mensch, dessen Welt die Welt ist, das bin nicht ich allein, sind nicht ich und du, es ist das große, umfassende Wir der Menschheit. Nur in Gemeinschaft vermögen wir die Welt zu gestalten und ihre Probleme zu lösen. Nur was wir miteinander und im Blick auf alle tun, hat Wirkung und Bestand, und was je ein Einzelner tut, das erhält sein Gewicht von dem, was es an Wirkungen auslöst und wie es in Zusammenhänge hineinreicht, welche die Gesellschaft betreffen. Die Welt ist nicht eine Summe von Objekten, sondern von der menschlichen Gesellschaft geprägter und für sie bestimmter Lebensraum. Und umgekehrt ist der Mensch nicht ein Wesen, das in sich selber schwingt oder allenfalls in der privaten Beziehung zu diesem oder jenem Nächsten, er ist das Wesen, das in die Dimensionen der ganzen Welt hineinreicht, indem es „gesellschaftlich" existiert, in einem Netz von Beziehungen, welche die Welt zu dem werden lassen, was sie ist, zum so und so geprägten und sich entwickelnden Lebensraum des Menschen.

Aus: Offene Weltformel, 55f

14. September

Die Welt rückt immer näher zusammen, wird immer mehr eine einzige Welt. Aber es genügt nicht, dass man wirtschaftlich und technisch und politisch einander näher kommt, es braucht einen gemeinsamen Geist, in dem wirklich alle Menschen Brüder zu werden vermögen, in dem wirklich alle Menschen das eine Schicksal der Welt gemeinsam zu gestalten vermögen. Einen Geist, der die Isolierung überwindet, aber auch die Gefahr eines seelenlosen, bloß massenhaften Kollektivs. Diesen Geist bietet das Evangelium an. Gott selber ist unser Bruder geworden, und er hat uns zu Brüdern untereinander gemacht. Der Lebensrhythmus der eins werdenden Welt, der eins werdenden Menschheit muss das Neue Gebot sein: Liebt einander, wie ich euch geliebt habe.

Aus einem Interview, Dezember 1977

15. September

Es muss das Interesse des Christen sein, nicht nur mit seinesgleichen, sondern mit allen, die Verantwortung für die Welt tragen, die Gestaltung einer menschlichen Welt voranzutreiben.

Aus einem Vortrag, 17.11.1978

16. September

Die Zukunft geschieht, wo sie keine Chance hat. Das ist der Grundrhythmus der Heilsgeschichte. Der Gott, der die Welt aus dem Nichts erschaffen hat, ist ihr Initiator. Immer wieder setzt er beim Nichts an.

Aus einem Artikel, Mai 1979

17. September

In Gottes endgültiger Zukunft werden wir nichts anderes mehr haben und brauchen als Gott allein. In ihm haben wir alle, haben wir alles, aber so wie Gott: alles für alle und mit allen.

Aus einem Artikel, Mai 1979

18. September

Am Ende wird nur noch sein: Gott alles in allem (1 Kor 15,28). Gott in seiner ganzen Fülle wird offenbar sein als das Licht, in dem wir alles sehen, als die Quelle, aus der alles entspringt, als die Seligkeit, die alles erfüllt, als die Atmosphäre, in der alles lebt. Nichts wird uns von ihm trennen, nichts wird seine Nähe mehr brechen, er wird allem und allen der Nächste sein. Er in einem jeden, er über allem, er zwischen allem. Aber gerade so werden wir und werden die Dinge nicht verlöschen, nichts wird untergehen in Gott, sondern alles aufgehen in ihm.

Aus: Der Himmel ist zwischen uns, 55f

19. September

Man kann das Leben und die Einheit der Menschen weder als bloße Summe von Individuen noch als Kollektiv, in dem der Einzelne aufgeht, betrachten. Die Alternative besteht in der *communio*. Ich bin ich selbst, doch indem ich für dich, mit dir bin und indem ich mich von dir empfange. Nur in diesem Verhältnis lässt sich das Ich des Menschen bestimmen. Allein in dieser *trinitarischen Beziehung* bedeutet das Kollektiv nicht die Auflösung des Individuums. Nur in dieser trinitarischen Beziehung ist der Einzelne nicht der Zweck, dem das Miteinander geopfert wird. Ich bin überzeugt, von hier aus würden sich auch neue Perspektiven für eine universale Wirtschaftsordnung eröffnen. *Aus: Dreifaltigkeit, 131*

20. September

Ich darf mich dieser Welt ganz zuwenden, weil ich Christ bin; denn was wir an Liebe in diese Welt investieren, wird sie für ewig prägen, unsere Liebe wird unauslöschlicher Charakter eines jeden Stückes Schöpfung.

Aus einem Artikel, Dezember 1980

21. September

Wir dürfen nicht unsere Friedenssehnsucht auf die Ewigkeit vertagen. Der Friede Christi, der kommt, der Friede Christi, der schon gekommen ist, er lässt uns keine Ruhe, bis wir nicht so radikal wie möglich auch die innergeschichtlichen Verhältnisse auf ihn hin umgestaltet, auf ihn hin orientiert haben.

Aus einem Brief, Dezember 1981

22. September

Während der letzten Jahre zeigt sich eine Verschiebung im Zukunftsverhalten. „Neue Magie“ könnte ein Stichwort dafür sein. Zwar sind die Erwartungen und Versuche, mit Forschung und Technik die Zukunft rational berechnend in die Hand zu bekommen, im Wachsen, andrerseits aber breiten sich Misstrauen und Missmut gegen das technische Verfügen und Manipulieren aus. An die Stelle rationalen Verfügens tritt ein irrationales Verfügen, das Beschwörenwollen der Zukunftsmächte, der Kontakt mit einer verborgenen geistigen Welt. Neue Religionen, fundamentalistische Religiosität sind der Schatten einer Unruhe, die nach dem unverfügbaren Sinn sucht. – Wie heißt die Alternative? Der Zukunft Zeugnis geben. Der Zeuge steht für etwas, das er nicht unmittelbar vorweisen kann, das aber ihn von innen her in Anspruch nimmt und das er durch die Glaubwürdigkeit seiner Existenz ausweist. Nur wenn die größere Zukunft uns bezeugt werden kann, vermögen wir der panischen Angst oder dem magischen Wissenwollen und Könnenwollen zu entrinnen.

Aus einem Artikel, Oktober 1985

23. September

Lebens- und Bindungsangst stehen hinter der „Leichtigkeit", mit welcher man zwischen Annahme und Nichtannahme des eigenen Lebens wie des Lebens anderer entscheiden zu können glaubt. Sie stehen hinter jener Mentalität, die Anfang, Ende, Grenze des Lebens glaubt verfügbar machen zu können. Sie stehen hinter der abnehmenden Bereitschaft, lebenslange Bindungen einzugehen und sie gegen Widerstände, Enttäuschungen und Ermüdungen durchzutragen.
Eine junge Mutter schrieb mir, es sei mit das Kostbarste, seine ganze Liebe einem Wesen zuzuwenden, das man noch nicht kennt. Das Ja zu einer Zukunft, die nicht verfügbar, nicht offenbar ist, zeigt die Größe des Menschen, der über seine Grenzen hinaus Sein gibt, gönnt und annimmt und so Partner dessen ist, welcher *der* Herr der Zukunft ist. Wo der

Mensch vor solcher Größe zurückschrickt und an ihre Stelle ein „Recht auf Schwäche" setzt, da wird Leben nicht leichter und lebbarer, sondern es zersetzt sich in die Zufälligkeit des Jeweiligen, wird sich selbst zur Last, in letzter Konsequenz zur Wegwerfware.

Aus einem Artikel, Oktober 1985

24. September

Nicht *dass* die Zukunft schon geboren ist, sondern *welche* Zukunft aus den vorhandenen Keimen wachsen könne, ist strittig. In den Fortschrittsoptimismus – das Wachstum der Erkenntnis und des Könnens führe unaufhaltsm weiter und überhole Hindernisse und Widerstände – mischen sich heute weithin Klänge des Misstrauens: Kann es überhaupt so weitergehen? Zerstört oder erschöpft der Fortschritt sich nicht selbst? Zerstört oder erschöpft nicht der Mensch die Quellen? *Eine* Alternative zu dieser Sorge und zugleich zur Naivität des Fortschrittsoptimismus gibt es: Die Zukunft ist schon geboren – aber diese Zukunft ist nicht ein Es, sondern ein Du. Einer ist geboren, der die Zukunft in Händen hält, der die Zukunft ist. Wagnis *und* Geborgenheit gehören zur Zukunft, damit sie Zukunft sei. Zukunft ist nur bergend, wenn ich einem vertrauen darf, der sie schenkt und trägt. Zukunft ist dann aber auch offen: Weggemeinschaft der Liebe, deren Sicherheit das Gegenteil zur Langeweile des „schon Gelaufenen" ist.

Aus einem Artikel, Oktober 1985

25. September

Gott ist nicht verschlossenes Ich, sondern sich öffnende, sich in sich selber mitteilende, übersteigende Ursprünglichkeit, dreipersonale Liebe. Und weil Gott so anders ist, ist auch die Welt anders. Sie ist freies Werk, freies Geschenk Gottes, nicht mit Gott zu vermengen. Aber indem sie freigegeben ist an sich, in ihren Eigenstand, ist sie zugleich hineingehoben in die Beziehung – sie ist Feld gegenseitiger Beziehung und lebendiger Beziehung zu Gott.
Nur die Liebe versteht Gott, weil Gott Liebe ist. Aber auch nur die Liebe versteht die Welt, weil die Welt Geschenk der Liebe ist und nur Liebe dieses Geschenk verdanken, gebrauchen, „identifizieren“ kann. „Er hat seinen eigenen Sohn nicht verschont, sondern ihn für uns alle dahingegeben – wie sollte er uns mit ihm nicht alles schenken?“ (Röm 8,31). Wenn der Sohn und wenn der Geist, wenn Gott selber uns Geschenk ist, wie sollte das, was er schafft, dann nicht Geschenk, Geschenk für uns sein? Geschenk freilich, das es zu wahren und nicht zu zerstören, dankbar, in der achtenden und wahrenden Liebe zu gebrauchen gilt.

Aus: Gerufen und verschenkt, 65

26. September

Gott hat uns alles gegeben, was er hat. Er hat uns sein eigenes Leben gegeben, damit wir dieses Leben miteinander leben. Und dieses Leben ist jene göttliche Einheit von Vater und Sohn im Heiligen Geist. Nur wenn wir so leben wie der Vater und der Sohn im Heiligen Geist, nur dann haben wir das Maß unseres Christseins erfüllt. Und nur dann, wenn wir dieses tun, werden wir auch zur Antwort werden in dieser Zeit, zur Antwort an die Menschen, die herauswollen aus ihrer Vereinzelung, die herauswollen aus der Angst, dass sie nur an den Rand Gedrängte sind, die herauswollen aus diesen Silbenrätseln der Welt in dieses eine Wort, in dem sie geborgen sind, in dem sie sich verstehen können, in dem sie einander verstehen können. Und dieses eine Wort ist das göttliche Leben, das uns erschlossen ist in Jesus Christus, der uns Anteil gegeben hat an seinem Verhältnis zum Vater.

Aus einer Predigt, 8.11.1975

27. September

Weltweite Gütergemeinschaft – gegenseitiges Zeugnis in einem Hören, dem jede Stimme wichtig ist – Hinlesen der vielen Spiritualitäten auf die eine Quelle, das eine Wort des Herrn, seine eine Liebe, seine eine Wunde, aus der er uns seinen Geist schenkt – Einheit in Not und Hilfe, Gemeinschaft im Mitleiden und Mithelfen – weltweite Gastfreundschaft als Anfang einer Neuen Stadt mit viel Platz für viele, ja alle – Einheit des Denkens, der Mentalität, die aus dem gegenseitigen Hören und Zeugnis erwächst – und schließlich unablässige Bereitschaft zur Kommunikation, die im Hören auf den anderen durchhört auf das eine Wort, das in allen Worten in dieser Welt sich uns zusprechen will: Ich glaube, wo wir in unserem konkreten Leben im Kleinen auf solche Weise dreifaltiges Leben buchstabieren, kann auch im Großen Gott die Zeit wenden.

Aus einem Vortrag, 2.6.1991

28. September

Wo mir dein Land so wichtig ist wie das meine, deine Kultur so kostbar ist wie meine, da bahne ich den Weg, dass Jesus in der Mitte der Welt maßgebend wird. Wir werden nicht gleichgeschaltet, aber wir haben einander im Blick und im Herzen, haben die Welt im Blick und im Herzen. Und so gehören unsere Welten zusammen, ohne unterzugehen in einer neutralen Welt. Die ganze Welt wird mehr eins und vielfältiger zugleich.

Aus: Der Himmel ist zwischen uns, 93f

29. September

Gerade wir Christen dürfen nicht meinen, das Reich Gottes auf die Erde zaubern zu können. … Doch wenn wir daran denken, dass unter den je wenigen, die wirklich anfangen, mit Jesus in ihrer Mitte zu leben, der Herr der Geschichte selbst gegenwärtig ist, dann werden wir ihm die Macht nicht absprechen können, mit uns und unter uns Geschichte zu machen. Nicht nur Geschichte der Spiritualität und nicht nur Geschichte der Kirche; auch Geschichte, die sich in Gesellschaft und Welt hinein auswirkt.

Aus: Der Himmel ist zwischen uns, 94

30. September

An uns ist die Gelassenheit, die sich in der Stunde der Wirren und der Bedrängnisse nicht die Hoffnung und nicht den Mut zum nächsten Schritt nehmen lässt. Wir haben nur den Augenblick zu leben, jeweils den einen Augenblick. Zwar müssen wir planen, aber unser Planen ist nur ein Angebot an ihn, und unsere Sicherheit liegt nicht im Kapital, das wir in Händen haben, sondern allein in der Zusage, die er uns gibt. Soweit aber an uns der Augenblick liegt, heißt der Augenblick: anfangen. Anfangen in allen Bereichen. An den Schulen und Universitäten kann Jesus in der Mitte der Lehrer sein. In unseren Fabriken, Schalterhallen und Büros kann Jesus in der Mitte der Meister sein. In den Parlamenten kann er das Licht sein für die Entscheidung, in den Kliniken kann er sich über die Kranken beugen, in den Konzerthallen kann er den Ton angeben. Das wird leise geschehen, zunächst nur da und dort. Aber wo wir anfangen, schlägt sein Anfang durch in unsere Zeit. Wo wir den Augenblick mit ihm leben, macht er mit uns seine Zukunft.

Aus: Der Himmel ist zwischen uns, 94f

Oktober

Gottes Wort macht frei

1. Oktober, Therese von Lisieux

Wie ein Präludium, vielleicht auch wie ein Vorzeichen vor diesem Jahrhundert erscheint die heilige Therese von Lisieux, die uns den kleinen Weg weist, die alle Berufungen in der Kirche durchsichtig macht auf die eine Berufung, Liebe zu sein, die gerade so in der bräutlichen Zuwendung zu Jesus allein sich jenen öffnet, jenen Schwester wird, die „draußen" stehen.

Therese von Lisieux. Ihre Leidenschaft trieb sie dazu, Prediger zu sein oder Missionar oder Blutzeuge – sie war nur die hilflose, kranke junge Schwester hinter den Mauern des Karmel. Aber sie entdeckte: Meine Berufung ist die Liebe, „im Herzen der Kirche, meiner Mutter, werde ich die Liebe sein, und so werde ich alles sein". Als das Leben der 24-Jährigen verlöschte, mochte das Bewusstsein solcher Berufung wie ein rührender Traum erscheinen – und doch sind seither Zahllose ihr auf ihrem kleinen Weg gefolgt.

Aus zwei Beiträgen, 1980

2. Oktober

Die entscheidende „Exegese" des in der Heiligen Schrift niedergelegten und durch das Lehramt der Kirche verkündeten Gotteswortes geschieht durch das Leben aus Gottes Wort, dadurch, dass seine Aussage die Aussage unseres Lebens und so beides durcheinander – unser Leben durch das Wort Gottes und Gottes Wort durch unser Leben – „glaubwürdig“ wird. Entscheidend für ein nicht nur wissenschaftlich-exegetisches, sondern im letzten „christliches“ Lesen der Schrift ist die Haltung, mit der wir uns so unter das Wort Gottes stellen, dass es alles mit uns anfangen, unserem Leben eine völlig neue Richtung zu geben vermag, einfach darum, weil Gott das so sagt und will. Die Welt ist durch Gottes Wort aus dem Nichts geschaffen, wir müssen diesen Prozess an uns selbst nachvollziehen, indem wir selbst immer wieder das „Nichts“ werden, das völlig dem Wort Gottes verfügbar ist und so „wird“, was es will. *Aus einem Vortrag, Herbst 1961*

3. Oktober

Das Evangelium ist die Frohe Botschaft auf die Weise der Überforderung; denn so wird uns deutlich gemacht, dass das, was nottut, mehr ist als das, was wir vermögen. Die Hoffnung beruht nicht auf dem, was wir leisten; sie gründet darauf, dass Gott barmherzig ist und in uns erfüllt, was wir nicht zu erfüllen vermögen. *Aus einem Vortrag, 30.10.1971*

4. Oktober, Franziskus

Franz von Assisi ist einer, in dem das Evangelium aus seinem Ursprung herüberspringt in die Zeit. So stark und lebendig, dass Zeitgenossen von ihm sagten, sie hätten den Eindruck, dass Jesus Christus wiedergekommen sei. Ganz gewiss hatte Franziskus sein Profil, das Profil des frühen 13. Jahrhunderts,

aber das Eigene, das Besondere, das Einmalige war wie aufgezehrt von der Reinheit des Evangeliums, die in einem lauteren Quell aufsprang aus ihm und sich mitteilte in die Welt.
In Franz von Assisi war Jesus Christus greifbar und sichtbar und nah. Ob es auch heute Gestalten von der Größe, der Intensität, der Anziehungskraft eines Franz von Assisi geben sollte und müsste, kann sein; ich weiß es nicht. Aber eines weiß ich: Auch wenn es keinen großen heiligen Franz gibt, kann und will Jesus wiederkommen. Und vielleicht braucht unsere Zeit noch mehr als einen wiederkommenden Franz etwas anderes: den Herrn ganz unmittelbar, den Herrn ganz in sich, den Herrn in unserer Mitte. Vielleicht heißt der Heilige unserer Tage nicht mehr Franz, sondern nur noch Jesus.

Aus einer Predigt, 14.7.1976

5. Oktober

Die Welt, die Natur, die Geschichte vermögen am Ende der Neuzeit schier nur noch das zu sagen, was der Mensch in sie hineingelegt hat.
Worte, die wir einander sagen? Wenn sie nur Worte solidarischer Ohnmacht sind, wenn sie nur aus unserem Eigenen kommen, dann tragen sie nicht über die Not hinaus, die sie wenden sollen.
Gottes Wort? Wenn Gott uns alles sagen darf, was er will, und nicht nur, was wir wollen, wenn er uns sein Inneres und nicht nur unser Inneres aufschließen darf, ja dann ist sein Wort das Wort von Gegenüber, das Wort, das den Kreis unserer Einsamkeit sprengt, das Wort, das befreit, weil es unsere Freiheit nicht allein lässt.

Aus: Gemeinde der Zukunft – nicht erst morgen, 39

6. Oktober

Wir glauben an einen Gott, der nicht blindes Weltgesetz, der nicht oberste Norm, der nicht bloß Ingenieur einer abrollenden Schöpfung ist oder undeutliche Daseinstiefe, welche der Mensch in sich oder im Kosmos aufspürt; wir glauben an einen Gott, der sprechen kann und sprechen will, an einen Gott, der als Erstes dieses tut: sich selbst aussprechen, sich selbst verschenken, sich über sich hinausgeben. Und das Wort, das ihn im Anfang fasst, das Wort, in dem er selber da ist, das Wort, das in ihm selbst sein Geheimnis lichtet, heißt Ja. Ein Ja zu sich, ein Ja dazu, dass er der Ursprung ist, aber gerade darin ein Ja, das sich nicht selber behält, sondern das offen ist, Zuneigung, Überstieg, Liebe.

Aus einem Artikel, 1975

7. Oktober

Geben wir Jesus Christus Raum. Er hat nicht sich gebracht, er hat nicht sich gepredigt. Er war von einer einzigen Leidenschaft besessen, davon, den Willen des Vaters zu tun. Er ist sein Ausdruck, sein Wort. Und indem er das ist, ist er unser Wort, unser Ausdruck. Alles, was in der Welt drinnen ist, spiegelt sich auf dem Antlitz des gehorsamen Gottesknechtes Jesus. Er hat unsere Last getragen. Er ist der einzige Sohn, er ist das Wort des Vaters und ist so unser Wort. So verstehe ich meine Aufgabe zunächst: nicht mich zu bringen, nicht mich zu sagen, sondern Wort zu sein, lebendiges, inkarniertes Wort des Evangeliums, Wort Gottes und, liebend – hörend – annehmend, Wort der Gemeinden, Wort eines jeden Einzelnen, der mir begegnet. Ich muss ein leeres Herz haben für Gott, ich muss ein leeres Herz haben für jede und jeden, die mir begegnen. Ich weiß, dass es ein Risiko ist, das zu sagen. Aber es ist das Maß Jesu, und wehe mir, wenn ich dieses Maß nicht zu meinem mache. Wir alle wollen Wort werden für das Evangelium und Wort füreinander.

Aus der Predigt bei der Bischofsweihe, 8.11.1975

8. OKTOBER

Wie können wir das Evangelium haben und es nicht denen bekannt machen, die es nicht kennen und die doch Menschen sind wie wir, Menschen, manchmal tiefer, Menschen, manchmal radikaler, ehrlicher und ernster als wir? Wie können wir diesen Schatz für uns bewahren? Das heißt für uns jetzt nicht einfach, über den lieben Gott plappern; das heißt nicht, den Leuten fromme Bücher schenken; das heißt nicht, irgendwo Bekenntnisse ablegen, wo sie gar nicht hingehören. Aber es heißt so leben, so da sein, dass man uns irgendwie anspürt, dass diese Wirklichkeit in uns ist, dass wir Vertrauen haben und dass dieses Vertrauen keine merkwürdige Privatangelegenheit ist, sondern dass es unser Leben trägt und prägt. Es heißt dann aber auch, den Mut haben, darüber zu sprechen, auch in aller freilassenden Diskretion den Mut haben, Zeugnis zu geben.

Aus einer Predigt, 24.12.1992

9. OKTOBER

Das Wort ist Fleisch geworden, das heißt, es ist wortlos und ortlos geworden. Gott hat sein Wort nicht gesandt, damit es Lösungen anbiete, sondern damit es Gemeinschaft mit uns halte und dort sei, wo wir sind. Es heißt nicht einfach „das Wort ist Mensch geworden“, sondern „das Wort ist Fleisch geworden“. Und dieses Wort „Fleisch“ hat im Johannesevangelium einen ganz präzisen Sinn. Dieses Wort „Fleisch“ meint menschliche Wirklichkeit in ihrer Hilflosigkeit, in ihrer Vergänglichkeit, in ihrer Gebrechlichkeit, in ihrer Ratlosigkeit und Unbeständigkeit aus sich selber. Und da heißt es nicht nur, dass er dieses Wort hineingesprochen hat in das Fleisch, dass es mit unserem Fleisch sich bekleidet hat, sondern es ist Fleisch geworden. Er ist dahin gekommen ins Wortlose und Ortlose. Er hat nicht gesagt: Ich ziehe dich heraus; sondern er hat gesagt: Ich steige zu dir hinein und hinunter. Das hat er getan. Er ist wortlos und ortlos geworden.

Aus einer Predigt, 25.12.1992

10. Oktober

Jesus hat uns Worte gesagt, Worte des Lebens, die ungeheuerlich sind, Worte, von denen wir spüren können durch alles hindurch, dass sie Worte des Lebens sind. Aber das Entscheidende hat er nicht darin getan, dass er diese Worte sagte, sondern dass er ein Kind geworden ist und da war, 30 Jahre stumm, dann gesprochen hat und danach wiederum stumm und wortlos gestorben ist. In diesem Dasein, in diesem Sterben, in dieser Wortlosigkeit, da ist er, wo wir sind. Er selbst ist ortlos geworden. Das Wort *Logos*, das Wort „Wort“, das Wort „Sinn“, kommt im ganzen Johannesevangelium nach diesem einen Satz „Und das Wort ist Fleisch geworden“ (Joh 1,14) nicht mehr vor. Er geht ganz hinein in dieses Fleisch, er hat nur in diesem Fleisch seinen Ort. Und was ist dieser Ort? Aufgegessen zu werden von uns. Nur vom Fleisch Christi ist dort noch die Rede, wo vom Aufessen die Rede ist, von der Eucharistie, die ihn verzehrt. Er ist dahinein gegangen in unsere Ortlosigkeit des unbeständigen Fleisches.

Aus einer Predigt, 25.12.1992

11. Oktober

In unseren Gottesdiensten wird das Evangelium verkündet. Das ist mehr als bloß Erinnerung, Ausblick, Appell. Die Geschichte, von der das Evangelium erzählt, findet jetzt statt, ist unsere Geschichte. Und das nicht deswegen, weil die Ideen und Impulse des Evangeliums weiterwirken, weil die Sache Jesu nicht sterben kann. Nein, weil der Herr lebt, weil er wirkt, weil er gegenwärtig ist, passiert zwischen ihm und uns, was damals passiert ist. Das bei der Eucharistiefeier verkündete Evangelium ist nicht nur der Theaterzettel für das, was hernach verborgen im Sakrament geschieht. Evangelium *und* Sakrament sind Verkündigung, Sakrament *und* Evangelium sind aber nicht weniger auch Begegnung, Ereignis, Gegenwart des Herrn.

Aus: Der Himmel ist zwischen uns, 34

12. Oktober

Hören ist schwieriger als reden, doch nur wer hören kann, vermag auch wahrhaft zu sprechen. Hören erfordert zumal, dass ich leer bin von mir selbst. Ich muss mich, mein Interesse an mir selbst, mein Angefülltsein von mir selbst verlieren können, ich muss still werden können, damit ich nicht nur reagiere, sondern damit das Wort mich, wahrhaft mich, berührt und in mich eingeht. Hören geschieht dort, wo das

Wort, das auf mich zukommt, in jenes Wort hineintrifft und sich mit ihm verbindet, das in mir ist. Zutiefst heißt hören, dass das Wort, das in mich kommt, und das Wort, das in mir ist, ein und dasselbe Wort werden.

Aus einem Artikel, 1975

13. Oktober

Ich suche Gottes Wort nicht nur, wenn ich Bibel lese oder Predigt höre, ich höre Gottes Wort dann, wenn der andere sein Wort, wenn der andere sich selbst mir sagen kann. Du, mein Nächster, der mir jetzt begegnet, bist das Wort, das in diesem Augenblick Gott zu mir sagt. Und wenn ich dich übersehe und an dir vorbeihöre, dann stehe ich nicht in jener lebendigen Verbindung mit Gott, die mich seines Wortes wahrhaft fähig macht.

Aus einem Artikel, 1975

14. Oktober

Ich habe Programme zu erfüllen, Terminkalender abzuarbeiten, Stundenpläne zu persolvieren. Meine gute Zeit geht mir damit verloren, und ich bin heilfroh, wenn ich endlich wieder einmal ein bisschen Zeit habe für mich. Aber in dieser „Zeit für mich" kommt irgendein zufälliges Angebot auf mich zu, also doch wieder ein Programm, und wenn es nur das Fernsehprogramm wäre.

Diesen entfremdenden Programmen kann ich nur entkommen, will sagen, ich kann sie nur dann bestehen und ihnen ihren positiven Sinn abgewinnen, wenn ich ein anderes „Programm" zu meinem wahren Programm mache: eben das

Wort, das mich mich und alles sein lässt. Mein Terminkalender ist Gottes Wort. Meine Speise ist es, sagt Jesus, den Willen – also das Wort – dessen zu tun, der mich gesandt hat (vgl. Joh 4,34).

Aus einem Artikel, 1975

15. Oktober

Nicht jene, die machen, sind die wahrhaft Mächtigen, sondern jene, die schauen.
Sicher, man muss handeln, man muss tun, man muss schauen, wie man kombiniert und durchkommt und arrangiert und ordnet. Aber wer nur so die Dinge schiebt, damit er selber ins Rampenlicht kommt, wer nur schaut, wie er eben durchkommt und mehr zu sich selber herbringt, hat vielleicht Glück, hat vielleicht Effekt, aber er hat auf die Dauer keine Strahlung und keine Wirkung.
Jene prägen die Welt und die Geschichte, die schauen, die eine Schau und eine Sicht haben.

Aus einer Predigt, 1978

16. Oktober

Du, dieser Nächste, der mir begegnet, das, was mir der Augenblick zuweist, ist meine Speise, mehr noch, ist mein Leben. Dich übernehme ich, dich lebe ich – und darin lebe ich Gottes Leben selbst. Ich habe keinen Grund, nervös und ungeduldig zu werden, weil mir andauernd etwas, was ich nicht will, dazwischenkommt. Alles, was mir dazwischenkommt, kommt „wie gerufen“, es kommt als Wort auf mich zu, als das Wort, das zu leben der einzig wahre Inhalt meines Lebens ist.

Dies macht mich frei von mir und frei für die Welt. Dies macht mich leicht und locker und macht mich zugleich je ernst, je einsatzbereit. *Aus einem Artikel, 1975*

17. Oktober

Das Wort Gottes ist mir die Lesehilfe für mein Leben, für alle seine Anforderungen und Begegnungen. Dieses Wort wird mich davor bewahren, dass ich nicht nur die Lieblingsideen meiner selbst hineinlese in mein Leben, sondern mich in allem, was mir widerfährt, umdrehen, ins Lot bringen lasse von Gott her. Nur dieses Wort wird mich also aus dem Gefängnis meiner eigenen Horizonte und Erwartungen herausführen.

Aus einem Artikel, 1975

18. Oktober

Wenn wir einander Gottes Wort zuspielen, es einander schenken, es voneinander lernen, entfaltet es sich, zeigt es seine Mächtigkeit und Tiefe. Der Austausch der Erfahrungen mit dem Wort, die gegenseitige Ermutigung durch das Wort, das gemeinsame Suchen des Weges, wie wir dieses Wort leben können: Das ist die Schwelle, über welche das Wort Gottes treten muss, wenn es das Fleisch dieser Welt annehmen will.

Aus einem Artikel, 1975

19. Oktober

Ich glaube daran, dass die Worte Gottes, die uns in der Schrift begegnen, tatsächlich Worte des Wortes sind, Worte, in denen das Wort sich uns zusagt, in dem alles erschaffen und erlöst ist. Und ich glaube auch: Gerade indem wir die menschliche und göttliche Dimension des Wortes (sie lassen sich nicht halbieren) jeden Augenblick zur prägenden Macht unseres Lebens werden lassen, vermögen wir auch die hermeneutische Frage anzugehen, jene Frage des Verstehens, des Übersetzens, des Gestaltens aus dem Wort Gottes heraus, ohne dabei über dieses Wort selber verfügen zu wollen. Dieser Dienst kann nur eingeübt werden, wenn wir uns einüben am Wort Gottes, es verstehen und annehmen als Wort für jeden von uns und als Wort für die Welt. Denn wer nicht persönlich mit dem Wort Gottes umgeht, der verliert die Welt aus dem Blick, die ja dem Wort zugehört, weil das Wort menschwerdend ihr zugehören wollte.

Aus einem Vortrag, 25.10.1975

20. Oktober

Anfangen beim Wort Gottes, es aber nicht nur als Theorie verstehen, sondern als Wort zum Leben – diesen Anfang können wir nie hinter uns bringen. Gerade neuere Exegese zeigt uns, wie Worte der Schrift erst aus dem Lebenszusammenhang der Gemeinden niedergeschrieben wurden und so wiederum für die Gemeinden zum Leben geworden sind. Deswegen können auch wir nur dann dieses Wort ganz verstehen, wenn wir es in die Praxis unseres eigenen persönlichen Daseins übersetzen und wenn wir die Versuche, die wir auf diesem Weg machen, auch mutig miteinander austauschen, wenn wir also dieses Wort leben und es gemeinsam leben.

Aus einem Vortrag, 25.10.1975

21. Oktober

Es bleibt eine Tatsache, das Evangelium fängt mit einem radikalen Sprung an: weg von allen bloß menschlichen Bedürfnissen, Erwartungen und Nöten, in eine Entscheidung für Gott hinein. Weil er selber sich zuerst für uns entschieden hat.

Aus einem Artikel, März 1977

22. Oktober

Vergangenheit,
deren Worte nicht mehr lebendig sind –
Zukunft,
bei deren Aufbau ich nichts zu sagen habe –
Gegenwart,
nichtssagend geworden trotz der tausend Worte, die mich dauernd umschwirren.
Das ist die Erfahrung vieler Menschen,
zumal vieler junger Menschen.
Gibt es eine Alternative?
Die Alternative gründet im Wort.
In dem *Wort*,
in jenem, das im Anfang war
und in dem die Welt erschaffen wurde,
auch du und ich.
In jenem Wort, das Fleisch geworden ist
und unter uns gewohnt hat: in Jesus Christus.
In jenem Wort, das Wort geworden ist
für unser Leben,
Wort des Lebens: im Evangelium.

Aus: Wort des Lebens, 5

23. Oktober

Wer sich einlässt, Augenblick für Augenblick, auf dieses Wort, Silbe für Silbe, der entdeckt:
Ich habe wieder etwas zu sagen für meine, für unsere Zukunft: Sein Wort.
Die Welt, die Tradition, die Erfahrung der Jahrhunderte haben mir wieder etwas zu sagen, etwas, das nicht von gestern ist, sondern jede Stunde neu: Sein Wort.
Meine Gegenwart, mein Leben haben etwas zu sagen, was Erfüllung gibt für mich und Sinn eröffnet für viele: Sein Wort.
Sein Wort sagt mein Leben, mein Leben sagt Sein Wort. …
Vorbehaltlos anfangen, das Wort zu leben, Silbe für Silbe, Augenblick für Augenblick: Das führt in alle Schichten der Wirklichkeit hinein und durch alle Windungen der Welt hindurch, verkürzt nichts, zerstört nichts, erspart nichts – und lässt doch das Unerhörte aufgehen: dass die Wahrheit zutiefst einfach ist, weil Gott einfach ist, einfach Liebe. Was soll ich sagen? Nimm und lies!
Mehr noch: Komm und sieh! Mehr noch: Tu es – und du wirst leben.

Aus: Wort des Lebens, 5f

24. Oktober

Jesus, Vergangenheit, Gegenwart und Zukunft sind anders, weil es dich gibt. Wie kann ich meine Zeit mit deiner neuen Zeit, mit deiner Gegenwart durchtränken? Wie kann ich der Traurigkeit des Vergehens, dem Kampf des Festhaltenwollens entrinnen und Zeit leben mit dir, so dass deine Gegenwart in ihr aufleuchtet? Wie kann ich Gott hineintragen in die Welt,

die Welt hineintragen in Gott und Gottes Gegenwart den Weg bahnen unter uns?
Du hast mir dein Wort gegeben. Und in diesem Wort bist du selber. Es ist nicht nur das Wort, das du einmal gesprochen hast, es ist das Wort, das du sprichst, du, der Lebendige. Weil du es einmal sprachst, ist es gut und wichtig zu fragen, wie, in welchen Kontexten, in welchen Verständniszusammenhängen du es gesagt hast. Es ist notwendig, es mir zusprechen zu lassen aus dem Weg der Jahrhunderte, aus der Kraft, die den Glauben erleuchtete und Leben veränderte im Gang der Kirche. Aber es ist auch gut und wichtig, es dabei nicht bewenden zu lassen. Jetzt sagst du dein Wort, jetzt begegne ich dir in deinem Wort.

Aus: Gerufen und verschenkt, 68

25. Oktober

Jesus, lass mich so mit deinem Wort leben, dass ich in ihm neu von dir her die Welt, neu aus meiner Welt- und Lebenserfahrung dich sehe und finde, dich Gestalt werden lasse in mir und in dem Feld, das du mir zu bebauen anvertrautest. Und gib, dass wir im Wechselgesang der gegenseitigen Liebe, im Leben aufeinander zu und miteinander, dein Wort unter uns Gestalt werden lassen, so dass du selbst in unserer Mitte sein kannst und wir der lebendige Leib deines Wortes sind. Gib mir, die vielen Ereignisse des Lebens zu buchstabieren in deinem Wort; gib mir, dass immer mehr Augenblicke gelebtes Wort sind, Botschaft, die ich nicht sage, sondern bin, Licht, das ich nicht anderen aufstecke, sondern das mich verbrennt und andere erleuchtet.

Aus: Gerufen und verschenkt, 68

26. Oktober

Gottes Liebe und Gottes Heilstat sind größer als das, was sich von ihnen sagen lässt. Doch zu dieser Größe gehört es, sich ins ärmere, kleinere Wort zu geben, um damit Gehör, Annahme, Raum in unserem Leben zu finden. Gottes unsagbares Wort ist sich nicht zu gut dafür, sich im menschlichen Sagen unterbieten zu lassen, ja selbst zu unterbieten.

Aus: Gerufen und verschenkt, 181f

27. Oktober

Mein Leben, mein Leben als Christ insgesamt und jeder Tag, sollte und könnte ein Kunstwerk sein. Doch das ist ein Anspruch, von dem ich fürchten muss, dass er uns zunächst entmutigt.

Dennoch glaube ich, dass insgeheim dieser Anspruch uns auch fasziniert. Ist es nicht ein Schmerz, dass unser Leben so oft gestaltlos dahinläuft, dass wir es selber nicht auf einen Nenner zu bringen vermögen oder aber dass es zum Schema erstarrt, das äußere Ordnung, aber wenig Gehalt und Aussage sichtbar macht?

Wir spüren, dass wir dazu geboren sind, in einem anderen als dem gängigen Wortsinn „Lebenskünstler" zu sein.

Der durch sein Wort die Welt erschuf, der durch die Fleischwerdung seines Wortes die Welt erlöste, er hat uns sein Wort zugespielt, damit wir in ihm unser Leben zu einem Kunstwerk prägen. Ich glaube in der Tat, dass das Wort des Lebens uns geschenkt ist, damit wir auch in ihm unser Leben und unsere Tage neu werden lassen, zu Kunstwerken werden lassen, in denen Gott selbst sich in uns entbindet und sichtbar macht.

Aus einem Brief, Dezember 1990

28. Oktober

Das Wort, das im Anfang bei Gott war und das Gott selber war, wurde Fleisch – und es drückte sich selber aus, es sagte, was es uns zutiefst und zuhöchst zu sagen hatte, indem es in aramäischer Sprache stammelte: „Abba, lieber Vater!"
Alles ist drinnen in diesem „Abba". Es ist der erlösende Ruf für jedes Schweigen und Verstummen, die Verwandlung eines jeden Warum und eines jeden Schreis der Verzweiflung, die Überwindung jeder Sprachlosigkeit, die Versöhntheit von allem Unversöhnten zwischen Gott und den Menschen und zwischen Mensch und Mensch. In diesem „Abba" des Kindes ist die Verherrlichung Gottes, ist der Friede für die Menschen da. Und in diesem „Abba" ist, in menschlicher Nähe und Unmittelbarkeit, das ewige Gespräch zwischen Sohn und Vater im Geist da, über das hinaus es kein tieferes Geheimnis, keine ursprünglichere Wirklichkeit, keinen anfänglicheren Anfang gibt.

Aus einem Artikel, Dezember 1991

29. Oktober

Das Vierte Laterankonzil (1215) erklärt: Jedes menschliche Wort – und da sind Dogma und selbst Heilige Schrift nicht davon ausgenommen – sagt mehr, wie Gott nicht ist, als wie Gott ist. Wenn Gott selber zu uns spricht in menschlichen Worten, dann unterbietet notwendig er sich selbst.

Doch wie konnte dann Gott, wie konnte dann das Wort so etwas „riskieren" wie die Menschwerdung und die Selbstoffenbarung in menschlicher Gestalt und menschlichem Wort? Mehr als die einzelnen Worte sagt diese Selbstunterbietung, wer Gott ist. Er ist Liebe – und Liebe ist, indem sie nicht auf sich besteht, sondern sich verschenkt. Der Liebe geht es so sehr um den anderen, dass sie sich nicht geniert, sich zu kompromittieren, sich missverständlich zu machen, unter ihr eigenes „Niveau" zu gehen.

Aus einem Artikel, Dezember 1991

30. Oktober

Wenn Gott Liebe ist, dann kann sein Wort nur auf diese Weise der Liebe verstanden und weitergegeben werden. Diese Weise der Liebe aber ist: Übersetzung. Ich sage dir mein Wort in deiner Sprache, ich steige gewissermaßen in dich ein, um von dir aus, aus deinem Horizont her, das Wort zu formulieren, das ich von meinem Innersten her dir sagen will. Und umgekehrt steigst du von deinen Verstehensmöglichkeiten herüber in die meinen, um von mir her dieses Wort einzuholen und herüberzuholen in dein eigenes Sein und Leben, in deine eigenen Kontexte und Erfahrungen.
Zwischen uns soll dasselbe spielen, was zwischen Gott und uns spielt. Dieselbe Liebe, in der Gott sich entäußert, in der sein je größeres Wort und unser je kleineres sich hineinbegeben, ist auch das Sprach- und Lebensgeschehen, in welchem wir dieses Wort uns aneignen und selber einsteigen in seine Dynamik, in sein Geheimnis, in die Liebe.

Aus einem Artikel, Dezember 1991

Viele der alten Worte und Bilder sprechen nicht mehr, sind weggerückt von der Lebenserfahrung der Menschen. Aber Leben selbst, Gemeinschaft selbst bleiben verstehbar. Ist es nicht unsere Pflicht, die trinitarische Gestalt der Liebe, die Selbstunterbietung der Liebe in der Fleischwerdung des Wortes, im Gang des Wortes in die vielen Worte, die Selbstaufgabe bis zum Kreuz als Weg zur Auferstehung sichtbar und glaubhaft zu machen in der Weise, wie wir unser Leben zueinander hin übersetzen, wie wir Gemeinschaft aus der Botschaft heraus sind? Hat nicht hier vielleicht jene Bitte Jesu im Hohepriesterlichen Gebet ihren tiefsten Hintergrund: dass wir eins seien, wie Vater und Sohn eins sind, damit die Welt glaube (vgl. Joh 17,21-23)? Es ist an der Zeit, dass Kirche selber, dass wir selber dort, wo und so, wie wir Kirche sind, eine neue Ikone, eine neue Übersetzung des Evangeliums werden. Dann wird das „Abba" des Kindes neu zu uns sprechen, uns neu die Botschaft vom Vater im Himmel, von der Herrlichkeit Gottes und vom Frieden und Heil der Menschen auf Erden ausrichten.

Aus einem Artikel, Dezember 1991

November

Verwandlung des Lebens

1. November, Allerheiligen

Wer sind das, die Heiligen? Nicht unerreichbare Supergestalten einer uns Durchschnittliche niederschmetternden Christlichkeit, nicht ferne Gipfel, die so unerschwinglich sind, dass unsereiner lieber gleich unten bleibt und in der Ebene sich einrichtet. Die Heiligen, das sind die ganz Kleinen. Jene, die Jesus in der Bergpredigt seligpries, die Armen und Trauernden, die Gewaltlosen und Hungernden, die Barmherzigen und Lauteren, die Friedfertigen und die Getretenen. Menschen, die sich und ihr Schicksal in Gottes Hand legen – und so ist Gottes Hand frei, etwas aus ihrem Schicksal zu machen, was Segen bringt für die Welt. Sie leben bei Gott, und sie leben dort für uns – und wir dürfen mit ihnen leben. Ihr Beispiel ist Vergangenheit, die uns trägt, ihr Leben bei Gott ist Gegenwart, die uns hineinnimmt in eine Gemeinschaft, welcher der Tod keine Grenze setzt, ihre Seligkeit ist Zukunft, die uns einlädt und ermutigt.

Aus einer Predigt, 1.11.1979

2. November

Die Heiligkeit der Großen hat fast immer damit angefangen, dass sie sich zu den Heiligen Gottes, zu den Kleinen und Armen auf eine unkonventionelle Weise hinbewegt haben. Sie haben ihren Standort verlassen. Sie sind zu den Armen hingegangen, nicht um Almosen zu geben, sondern um Leben mit ihnen zu teilen, um sie so in ihr Leben hineinzunehmen, dass ihr eigenes Leben dadurch verändert wurde. Die radikale Entscheidung für Gott allein ist in den allermeisten Fällen der Heiligengeschichte eine Entscheidung für die Armen, eine Entscheidung für die Kleinen, eine Entscheidung für die Ohnmächtigen. Und zwar eine Entscheidung, die nicht nur die Verhältnisse bessern will und die nicht nur einmal Almosen geben will und die nicht nur einmal ein bisschen leben will wie sie, um dann wieder in den alten Stand zurückzukehren. Sondern es geht immer um einen inneren Umbruch des Denkens, des Fühlens, des Seins: Ich gehöre zu denen, ich bin genauso vor Gott, ich bin nicht besser. … Nein, ich gehöre auf dieselbe Ebene; denn der einzig Heilige ist auf diese Ebene gestiegen.

Aus einer Predigt, 1.11.1993

3. November

Der heilige Mensch ist einer, der sich nicht um sich selber kümmert, er ist einer, der leer ist von sich, er ist einer, der sich über sich hinauswendet zu dem hin, der das einzige, wahre Licht ist. Und er ist einer, der dieses Licht weitergibt und so den Leib, die Gesellschaft, die Kirche, die anderen, die Gemeinschaft, hell werden lässt, indem er das Licht, das er empfängt, weitergibt.

Eine Gemeinschaft, eine Gesellschaft, eine Kirche braucht ihre Seher, braucht ihre Propheten, damit sie wirklich das sein und das werden kann, was sie sein soll, denn „Sage mir, was du siehst, und ich sage dir, wer du bist". Worauf wir schauen, davon bestimmt sich unser Leben.

Aus einer Predigt, Karlsfest 1978

4. November

Verlorener Sohn? Verspieltes Erbe? Verlassen von den Freunden? – Ich will mich aufmachen und zu meinem Vater gehen. Wohin immer ich mich unter diesem grenzenlosen Himmel verlaufen habe, doch wieder daran glauben, dass dieser Himmel nicht ein leerer Raum ist, in dem ich verloren bin, und nicht eine geschlossene Kugel, in der ich gefangen bin, sondern dass da einer wohnt und wartet und mir entgegenkommt: Vater unser im Himmel.

Aus einem Artikel, Mai 1981

5. November

Wer nur schnell von einer Begegnung in die andere springt, von einem Kontakt und einer Kommunikation in die nächste, dem wird der Name des anderen zum Fremdwort, und zum fremdesten Fremdwort wird ihm sein eigener Name in diesem Wirbel um das Ich, in diesem endlosen Kreislauf um sich selbst. Ein Name tut not, den ich aussprechen darf in ganzer Hingabe, in ganzem Vertrauen, ohne Schatten und ohne Angst: Geheiligt werde dein Name.

Aus einem Artikel, Mai 1981

6. November

Zukunft braucht eine andere Quelle als uns selbst, als unsere Macht und Herrlichkeit. Und Zukunft hat eine andere Quelle, Zukunft, die sich in allen Zusammenbrüchen und Gefahren dort vorbereitet und anzeigt, wo wir uns freigeben von unseren Ansprüchen und Ängsten, freigeben an den Vater. Nur sein Reich wird das Reich des Menschen sein: Dein Reich komme.

Aus einem Artikel, Mai 1981

7. November

Ist Gottes Reich nicht zu weit weg von unserem Alltag, so sehr einbehalten in eine unzugängliche Zukunft, dass sie unsere Gegenwart nicht zu berühren und zu verwandeln vermag? Was nützt ein Reich im Himmel, wenn diese Erde gegen solchen Himmel fensterlos verschlossen ist? Doch in unserer Erde, in allen Verliesen und Verstecken unserer Welt, lebt etwas, das vom Himmel kommt: sein Wort. Und wenn wir dieses Wort umsetzen in die kleinen Schritte unseres alltäglichen Ja, Augenblick für Augenblick, dann wird diese Erde zum Zeichen, dann wird ihr widerständiger Stoff durchsichtig, scheint in ihm gegenwärtig etwas auf von jener Zukunft, die nur Gott vermag. Sein Wort ist niedergestiegen zu uns und kehrt nicht fruchtlos zu ihm zurück, es geschieht in uns – und so geschieht sein Wille in uns.

Aus einem Artikel, Mai 1981

8. November

Der Wille Gottes, der Wille seiner Liebe für uns wird glaubhaft, bezeugt sich uns, wird tragfähig, wo wir ihn verstehen als Willen, der sich an uns richtet, damit wir unseren Willen mit ihm in Einklang bringen.
Wer zurückschreckt vor diesem Paradox, im Willen eines anderen, des ganz anderen, sich selbst, seinen Willen, seine Freiheit allein entdecken zu können, der erhält keine Antwort auf seine Frage nach dem Wofür. Leben für den, der für uns lebt, den Willen dessen wollen, der uns will. Das ist die einzige Lösung des schier Unlösbaren: Nur wenn wir mehr wollen als uns selbst, sind wir frei, und doch können wir nicht darauf verzichten, uns selber zu wollen. Weil Gott für uns ist, genügt es, für ihn zu sein: Dein Wille geschehe, wie im Himmel so auf Erden. *Aus einem Artikel, Mai 1981*

9. November

Wer für Gottes Willen lebt, der lebt nicht mehr nur für das Übermorgen, lebt nicht aus der Angst ums eigene Brot. Er lebt für das Brot, aber für das Brot des anderen. Er ist bereit und fähig, zu teilen, herzuschenken, frei zu sein von der Angst, offen für das Maß, das Gottes Gabe für das Jetzt und Heute setzt. Gerade weil er sich nicht mehr um seine eigene Zukunft angsthaft kümmert, wird er Garant für die Zukunft der Menschheit, erwacht in ihm die Phantasie für einen neuen Lebensstil und für ein Verhalten zu den Gütern dieser Welt, das Zukunft für diese Menschheit verheißt: Unser täglich Brot gib uns heute.

Aus einem Artikel, Mai 1981

10. November

Es ist ein anspruchsvolles Leben, dieses Leben unter Gottes Wort und Wille, dieses Leben im Abenteuer des je neuen Augenblicks und in der Treue zum ein für allemal erlassenen Gebot. Ein Leben, bei dem es nicht ohne Krisen und nicht ohne Enttäuschungen über sich selbst und über andere abgeht. Aber der Vater, der uns einlädt zu seinem Fest, er ist der Vergebende, und jene, die bei ihm zu Hause sind, fühlen sich in diesem Zuhause nur wohl, wenn sie sind wie er: offen für das Fest der Vergebung, Freunde und Brüder des Verlorenen Sohnes, nicht siebenmal, sondern siebenundsiebzigmal bereit zum neuen Anfang mit dem Nächsten, so wie sie selber des täglich neuen Anfangs Gottes, seiner Vergebung bedürfen. Leben für die Versöhnung, Leben für jenen Frieden, der zugleich Frucht der Gerechtigkeit und der Barmherzigkeit ist: Vergib uns unsere Schuld, wie auch wir vergeben unseren Schuldigern.

Aus einem Artikel, Mai 1981

11. November, Martinstag

Wie ich den Kindern von St. Martin erzähle, der seinen Mantel teilt und die Hälfte einem nackten Bettler gibt, unterbricht mich ein Zuruf: „Der Bettler, das war Gott!“ Eine zweite Stimme: „Das hat Martin gut gemacht.“ Ich frage: „Wieso?“ und erhalte die Antwort: „Sonst wäre Gott erfroren.“

Teilen, damit Gott nicht unter uns erfriert. – Will nicht diese Martinsgeschichte unsere Weihnachtsgeschichte werden? Dann wird der Block unserer fertigen Urteile, der Block unserer behäbigen Ansprüche, der Block unseres von sich selbst ummauerten Ich, der Block unseres sich selbst genügenden Wir aufgesprengt, geteilt. Und nur so wird die Mitte frei, damit das Kind Platz hat unter uns.

Aus einem Brief, 1988

12. NOVEMBER

Der Umstieg in das neue Wofür unseres Lebens, der Weg, den Jesus uns heim zum Vater vorangeht, er hat seine Widerstände nicht nur in unserer wankelmütigen Freiheit, er hat seine Widerstände auch im Lauf der Welt. Sie ist Gottes gute Welt, aber in ihr lebt das Gift der Selbstherrlichkeit und Selbstbehauptung, so dass das Vorletzte immer neu uns festhalten, das Endliche uns faszinieren und sich behaupten will. Bedrängnis, Versuchung, Widerstand gehören hinzu. Und so braucht das Für der lauteren Liebe, des Vertrauens, der Hingabe die Kraft des Gegen, den Mut zum Widerstand, zum Schwimmen gegen den Strom. Es gibt Bedrängnis, Bedrängnis aber will in der Kraft des Kreuzes uns zur Geduld, Geduld uns zur Bewährung führen, damit jene Hoffnung aufscheint, die uns nicht enttäuscht (vgl. Röm 5, 3-5). Das Bestehen der Bedrängnis freilich, das Überwinden der Versuchung ist nicht Sache unserer Kraft, sondern unseres Bittens, unseres Vertrauens: Führe uns nicht in Versuchung.

Aus einem Artikel, Mai 1981

13. NOVEMBER

Entfremdung, Unfreiheit, Bosheit, Abgrund werden nichts vermögen gegenüber der Hoffnung, die um die kommende Erlösung weiß. Wir werden uns nie vermessen, dieses Wofür der Erlösung aus Eigenem und schon hier und jetzt zu vermögen. Wir werden den Mut aufbringen, für etwas zu leben, das über die Stunde hinausführt ins unverfügbare Kommen Gottes. Aber gerade in solcher Hoffnung werden wir die Kraft haben, Zeichen dieser kommenden Erlösung zu setzen, Zeichen aus der Vollmacht dessen, der die Welt durchlitten und so überwunden hat. Wir werden denen nahe sein, die an den Rand geraten, werden barmherzig sein wie der Herr, der die Kleinen und Schwachen, die Geknickten und Gefährdeten zu seinen Freunden hatte. Unser Leben für sie wird aber nicht in der Bitternis eines bloßen Protestes oder im Wahn einer machbaren Seligkeit auf Erden untergehen. Zugehend auf das Ziel, das größer ist, werden wir die kleinen, fälligen möglichen Schritte tun. Wir können wiederum nur erbitten: Erlöse uns von dem Bösen.

Aus einem Artikel, Mai 1981

14. November

Wofür wir leben? Für den Vater, für seinen heiligen Namen – und darum für den guten Namen all derer, die er aus Liebe erschaffen hat, damit sie seine Söhne und Töchter seien, seinen Namen erben. Für sein Reich, das kommen wird und das schon jetzt anbricht, wo wir nicht angsthaft um unsere Zukunft, sondern um Gottes Zukunft für alle besorgt sind. Für seinen Willen, der allein unseren eigenen Willen heilt und erfüllt, frei macht für sich und stark macht, das Gute für alle zu wollen. Für unser Heute und aller Morgen, für das Brot, das er uns gibt, damit wir es teilen. Für Friede und Versöhnung, für gegenseitige Vergebung und immer neuen Anfang. Für die Treue, für die Überwindung aller Bedrängnis und Versuchung in der Kraft, die Gott uns gibt, im Zeichen des Kreuzes seines Sohnes. Für Erlösung und Befreiung, die nicht unser Werk sind, sondern unsere Hoffnung, Hoffnung aber, die uns fähig macht zur Tat und zum Dienst. Leben für den, der für uns ist, der für alle ist. Und wenn Gott selbst für uns ist, wer ist dann gegen uns? (vgl. Röm 8,31).

Aus einem Artikel, Mai 1981

15. November

Jesus ist nicht am Ende in seinem Tod, sondern sein Tod ist Weggehen mit Ankunft. Sein Sich-Geben ist nicht Vergeblichkeit, sondern Geschenk, das sich weiterschenkt. Er ist derjenige, der im Tod nicht stecken bleibt und vom Tod nicht zurückgeworfen wird in die bloße Vergangenheit. Er ist derjenige, für den der Tod und der Abbruch „Weg, Hinübergang, Pascha" bedeutet. Und so wächst aus dem Tod Ostern, doppelte Ankunft: Ankunft zur Rechten des Vaters und Ankunft in unserer Mitte. Er ersteht auf zum Vater, er ersteht auf zu uns.

Aus einem Vortrag vor Priestern, 31.8.1977

16. November

Jesus hat mein einmaliges, mein unvertauschbares, mein keinem anderen mitteilbares Dasein in sich hineingenommen. Er hat meinen Tod als den seinen sich zu eigen gemacht, er ist meinen Tod gestorben. Er hat meine Schuld auf sich geladen, er hat mein Angesicht, mein entstelltes und zerfetztes Angesicht, zu seinem entstellten und zerfetzten Angesicht werden lassen. Er ist bekleidet mit mir, er ist identifiziert mit mir, er ist eins geworden mit mir und so zum Vater gegangen. Und so bin ich in ihm drinnen.

Aus einem Vortrag vor Priestern, 31.8.1977

17. November

Auch du hast ein Geheimnis, das du keinem anderen schenken und sagen kannst. Auch du hast ein Leben, das du selber bestehen musst. Auch du hast einen Tod und eine Schuld und eine Einsamkeit, die niemand dir abnehmen kann. Auch du bist dieser Eine und Einsame und Einmalige, vor dem ich fremd und wehrlos und ratlos stehe, dem ich helfen möchte und nicht kann, dem ich mich mitteilen möchte und der mich doch nicht aufnehmen kann, auch du.

Und dich hat Jesus genauso wie mich, in derselben Liebe wie mich, im selben Sterben wie mich, in derselben Einsamkeit wie mich, in derselben Gottverlassenheit wie mich, in sich hineingenommen, und so hat er mich und dich in seiner einen durchbohrten Hand, in seinem einen geöffneten Herzen zum Vater hingetragen. Und deswegen gehören du und ich zusammen in einer Tiefe, die unabhängig ist von unserem Wollen und Mögen und Können, in einer Tiefe, die uns niemand mehr nehmen kann: Wir sind eins in ihm.

Aus einem Vortrag vor Priestern, 31.8.1977

18. November

Wo immer Menschlichkeit tief verstanden wurde, sind die Sterbenden, die Leidenden, auch die Schuldigen in eine besondere Nähe zum Geheimnis des Heiles gerückt worden. Es ist legitim, ja unsere Pflicht, das Negative in unserer Welt anzugehen. Es ist Zeichen menschlicher Größe, dass der Mensch seine Grenzen immer weiter hinausschiebt. Es wäre aber naiver Selbstbetrug, dabei zu vergessen, dass immer Grenzen bleiben werden. Das vergessene Leid, die verdrängte Schuld, der überspielte Tod sind Fluchtversuche des Menschen vor sich selbst.

Von Jesus Christus her haben wir Größeres gelernt: Es ist Zeugnis seiner grenzenlosen Liebe, dass er sich unseren Grenzen unterworfen hat, es ist Zeugnis seines grenzenlosen Ja, dass er unser Nein von innen her ausgelitten und geheilt hat. Dem Christen ist alles Leid in der Welt das Sakrament des Leidens Christi, das ihn aufruft, im Leidenden ihn selbst zu sehen, ihm zu helfen, ihn zu trösten, sein Leid zu überwinden, es in Ehrfurcht mitzutragen, es durch Liebe in Liebe zu verwandeln.

Aus einem Vortrag, 18.11.1978

19. November

Erst wenn unsere Hände bereit sind, alles zu geben, sind sie zugleich so leer und leicht, dass wir sie für die anderen zu dem Christus über uns zu erheben vermögen, damit er unsere leeren Hände und die leeren Hände der anderen mit den Gaben und Kräften erfülle, die wir aus uns nicht haben und nicht geben können.

Aus: Gerufen und verschenkt, 112

20. November

Wie ernst das Sterben für den, der an den Vater glaubt, bleibt, ja wird – wer hat uns dies deutlicher gezeigt als Jesus, als der Sohn selbst, im Schrei seiner Gottverlassenheit? Wir können nie mehr auf einem andern Weg in den Tod und durch den Tod gelangen als in ihm, der für uns, an unserer Stelle gestorben, unseren Tod gestorben ist. Und so begegnen wir ihm in unserem Sterben zweimal: Er geht mit an unserer Seite durch den Tod – er erwartet uns zugleich bereits hinter der Pforte. Wir sterben mit ihm und sterben in ihn hinein. Es ist uns nicht verheißen, dass wir dies in jener Stunde als lindernden Trost empfinden werden, aber es ist uns geschenkt, es jetzt glaubend zu ergreifen: Du wirst mitgehen, es wird keine Wegstrecke geben, die nicht in deinem Weg für uns und mit uns drinnen ist.

Aus: Gerufen und verschenkt, 54

21. November

Der mich richten wird, der über den Sinn meines Lebens endgültig entscheiden wird, das bist du, mein Freund, mein Bruder, der für mich das Leben gegeben hat. Dass du mich richten wirst, ist nicht ein heimlicher Rückzug von dieser deiner Solidarität, im Gegenteil. Nichts anderes wird mich richten als deine Liebe. Nicht weil sie richten will, sondern weil nur Liebe, nur Bereitschaft, sich von der Liebe beschenken zu lassen, bei dem die Seligkeit haben wird, der Liebe ist.
Es ist eine ernste Frage, die ich mir stellen muss, immer neu: Bringe ich jene Liebe mit zu dir, der deine Liebe Antwort und

Erfüllung sein kann? Aber schier noch ernster wird die andere Frage: Kann ich dir Antwort, kann ich dir Dank auf deine Liebe sein, geht von meinem Leben das Licht deiner Liebe aus und weiter?

Aus: Gerufen und verschenkt, 54f

22. November

Wenn dies mein Sterben sein wird, dann ist das auch mein Leben: Gehen mit Jesus, Gehen auf Jesus zu. Er lebt; ich kenne sein Wort. Wenn ich mich ihm stelle, entziffern sich die Rätsel des Lebens. Nicht im Bescheidwissen, nicht in glatten und aufgehenden Anweisungen für alle Situationen, und doch in einer Antwort, die mehr sagt als alles dies. „Ich bin bei euch alle Tage" (Mt 28,20) – du bist bei mir auch heute, auch jetzt. Du sagst ganz einfach dies: Ich bin da. Leben in der Gegenwart Jesu; leben so, dass er dabei sein kann; leben so, dass ich mich nicht absetze im Alleingang, dass ich ihn nicht verkenne und verletze; leben im Geleit seines Wortes; leben nach dem Maß der Liebe, wie er geliebt hat – dies ist die Verwandlung des Lebens.

Aus: Gerufen und verschenkt, 55

23. November

Es ist nicht das kleinliche Dringen eines empfindlichen Gottes auf gleichwertige Gegenleistung für erfahrene Beleidigung, was hinter dem Kreuzestod Jesu als stellvertretender Genugtuung für unsere Schuld steht. Nein, es ist gerade die Liebe Gottes, die uns in Wahrheit retten, in Wahrheit uns vor ihm bestehen und leben lassen will. Dann aber muss einfach offenbar werden, wer wir sind und was wir getan haben; wer Gott ist und was er für uns tun will.

Aus: Gerufen und verschenkt, 86

24. November

Weil es Jesus gibt, können wir ihn fragen: Wozu bist du geboren? Er wird uns dieselben Antworten geben, die wir uns selber geben können. Er ist Leben in Fülle, trotz aller Verborgenheit, Schlichtheit und Bescheidenheit. Wenn es die Worte nicht gäbe, die Begegnungen und die Taten, die uns von ihm berichtet sind, wir alle wären ärmer. Wahrhaft, sein Leben ist Leben. Aber es ist eben von allem Anfang an auch: Sterben. Alle Kindheitsgeschichten, die uns erzählt sind, haben es offenkundig oder hintergründig mit dem Sterben zu tun. Die Anbetung der drei Weisen ist verquickt mit dem Kindermord von Betlehem und mit der Flucht nach Ägypten (vgl. Mt 2,1-18); die Darbringung im Tempel wird von Simeon bejubelt, aber er weissagt der Mutter das Schwert und sieht im Neugeborenen das Zeichen des Widerspruchs (vgl. Lk 2,34f); die festliche Pilgerreise des Zwölfjährigen nach Jerusalem mündet in die schmerzliche Suche der drei Tage, ehe die Seinen ihn im Tempel finden, Vorzeichen der drei Tage von Karfreitag bis Ostersonntag (vgl. Lk 2,45f).

Aus: Gerufen und verschenkt, 52f

25. November

Schieben wir unserer Frage, wozu Jesus geboren sei, die andere nach: Wozu lebst du? Wozu stirbst du? Und er wird uns antworten: Ich lebe, um Leben zu geben – an euch. Ich sterbe, um das Leben zu geben – für euch. Ich lebe und sterbe, damit ihr das Leben habt. Jesu Leben und Jesu Sterben haben dieselbe Pointe, sie geschehen für uns, sie geben Leben weiter. Und in diesem Leben für uns geht sein Leben nicht einfach hinweg, es verschwindet nicht, löst sich nicht auf in nichts. Dieses Leben für uns geschieht aus der Verbindung mit dem Vater, es ist Hingabe des Lebens an den Vater. Und gerade das im Tod weggebene, nicht festgehaltene Leben wird vom Vater her sein und unser neues Leben. Jesus lebt und stirbt für den Vater, Jesus lebt und stirbt für uns, Jesus lebt und stirbt für das Leben, das wir mit ihm und miteinander haben.

Aus: Gerufen und verschenkt, 53

26. November

Immer kommt der Sohn vom Vater her auf die Welt zu; immer kommt er her aus der Liebe der Seinen, die um seinetwillen aufeinander zugehen, auf dass er in ihrer Mitte sei. Es gibt also eine dreifache Herkunft und eine dreifache Zukunft zugleich:
Herkunft sind der Vater, die Welt, die anderen in der einen Gemeinschaft –
Zukunft sind der Vater, die Welt, die anderen in der einen Gemeinschaft.
Und in dieser dreifachen Herkunft und Zukunft ist er Gegenwart, Herkunft und Zukunft zugleich.

Aus: Gerufen und verschenkt, 56f

27. November

Zeit ist anders, weil es Jesus Christus gibt. Er hat alles, was war, in sich hineingenommen. Ich darf es ihm lassen. Ich kann es ihm mit meinem Aufrechnen, mit meiner Rache, mit meiner Angst, mit meiner Selbstanklage nicht mehr aus den Händen nehmen. Er hat es angenommen, gut gemacht und verwandelt. Meine Aufgabe ist es, die Vergangenheit dorthin zu legen, wohin sie gehört: in Gottes Erbarmen. Das macht mich nicht geschichtslos, nicht vergesslich, im Gegenteil, es macht mich dankbar und macht mich frei, Gewesenem so zu begegnen, dass es nicht Gegenwart und Zukunft blockiert und vergiftet. Abschied nehmen können von der Schuld, der eigenen wie der fremden, aber auch Abschied nehmen können von den guten Taten und dem Erfolg, um schlicht und ganz für das Nächste und den Nächsten da zu sein – dies ist die Konsequenz daraus, dass er da ist, der alles das an sich genommen hat, so dass nicht mehr wir dies festzuhalten haben.

Aus: Gerufen und verschenkt, 57f

28. November

In Jesus, der alle Vergangenheit an sich nahm, ist auch alle Zukunft. Nicht es kommt, sondern er kommt. So brauche ich nicht hinter die Zukunft kommen zu wollen, sondern kann sie sein lassen, was sie ist: Zukunft. Wie schrecklich wäre das Leben, wenn es nur der Vollzug fertiger Ansätze, nur das Ausfahren vorgelegter Geleise wäre! Gerade weil das Kommende schon da ist in ihm, können wir es kommen lassen, je gespannt auf sein neues Antlitz, auf die neue Begegnung mit ihm. So aber werden wir befreit zu der Gegenwart, die immer sein Augenblick ist.

Aus: Gerufen und verschenkt, 58

29. November

Das macht den Himmel zum Himmel, dass Gott selbst, die erlöste Welt und unsere Gemeinschaft mit ihm und in ihm drinnen sind. Wenn freilich Gott, unser Gott, der Vater Jesu Christi, drinnen ist, dann sind auch Welt und Gemeinschaft drinnen.

Aus: Gerufen und verschenkt, 97

30. November

In Istanbul wollte ich die Kirche der heiligen Sergius und Bacchus besuchen, da sie in Maß und Form Vorbild für den Aachener Dom geworden ist. Doch die Tür zu der inzwischen zur Moschee gewordenen Kirche war verschlossen; die Anwohnenden und Vorbeikommenden wussten keinen Rat. Da tauchte ein kleiner Junge auf und gab ein Zeichen, dass wir warten sollten. Nach einigen Minuten brachte er einen Wächter herbei, der uns aufschloss. Als wir den Raum wieder verließen, erwartete uns der Junge an der Tür. Er hatte für jeden von uns eine kleine Blume gepflückt und überreichte sie uns. Der Himmel, den wir drinnen fanden, war nun auch draußen da. Der Schlüssel öffnete den Himmel drinnen; die Blume öffnete einen anderen – oder denselben? – Himmel draußen. Das Kind hatte uns beides erschlossen und ein Weiteres dazu: dass wir uns selbst in diesem Kind entdeckten. Denn wozu sind wir da, wenn nicht dazu, den Himmel zu finden und den

Himmel zu schenken und, indem wir dies selber zu tun versuchen, anderen dabei zu helfen, dass sie den Himmel finden und den Himmel schenken.

Aus: Gerufen und verschenkt, 94f

Dezember

Das Geheimnis des Kindes

1. Dezember

Charles de Foucauld (gestorben am 1.12.1916) hat um der Liebe Christi willen seine Laufbahn aufgegeben und sein ganzes Leben neu orientiert. Diese Liebe trieb ihn hin bis zum radikalen Lebenszeugnis des bloßen Daseins mitten unter den Tuareg. Am Ende war er ohne Gefährten, niemand war dabei, als er erschlagen wurde. Und gerade so wurde sein Leben zur Saat, aus der reiche Frucht gewachsen ist.

Aus einem Artikel, 1980

2. Dezember

Advent ist die Botschaft:
Der Herr wird kommen,
das Reich ist noch nicht vollendet,
es braucht noch unsere Geduld,
unser Gebet, unsere Arbeit,
das Zeugnis unserer Hoffnung.
Aber das Reich ist zugleich schon angebrochen,
weil der kommende Herr schon gekommen ist
und in unserer Mitte lebt.

Aus: Und das Wort ist Kind geworden, 7

3. Dezember

Jeder Mensch ist ein Fenster,
das herrliche, gewaltige Fenster einer Kathedrale.
Aber was ist solch ein Fenster ohne das Licht?

An Weihnachten ist das Licht aufgegangen.
An Weihnachten ist der geboren, der mein Leben erleuchtet,
auch wenn ich darin nur Dunkel finde.

Ich will es hinhalten, dieses Leben, in sein Licht –
und das Fenster wird in Farbe erglühen,
und viele werden Licht sehen.

Adventsgruß 1982

4. Dezember

Als das Wort, Kind geworden, auf unserer Erde erwachte,
weckte es die Worte auf, die in den Dingen,
in den Menschen, in den Ereignissen schliefen.
Worte, die zuvor sich verschwiegen, sich bekriegten,
wie Rätselsilben Bruchstück blieben.
Jetzt aber kam das Wort, in dem alle Worte geschaffen waren.
Es kam, um sie aufzuwecken zueinander,
zur Versöhnung, zur Ergänzung, zum Gespräch.
Und heute: Wer weckt in den Worten das eine, einende Wort?
Auf, lasst uns nach Betlehem gehen –
zum Betlehem hier zwischen uns –,
um in den Worten das Wort zu finden,
das Gott die Ehre und uns den Frieden gibt.

Aus einem Brief, Weihnachen 1992

5. Dezember

Beklagen wir nicht die mangelnde Aufnahmebereitschaft für Ihn und füreinander, sondern treten wir ein in jene Herbergen, die, manchmal ziemlich weit innen und ziemlich verborgen, eben doch einen Platz enthalten, wo Er zu Hause ist, wo Er angenommen wurde. Glauben wir an die „Samenkörner des Wortes", von denen die Kirchenväter sprachen, wenn sie an jene dachten, die oft unscheinbar oder gar unbewusst etwas von Ihm und Seiner Liebe in sich tragen. Glauben wir an die Krippe hinter der Tür des andern, und klopfen wir geduldig, freundlich und zugleich eindringlich an seine Tür. Vergessen wir aber auch nicht, den Schlüssel in unserer Tür umzudrehen, um öffnen zu können; und wenn wir glauben, ihn verloren oder verlegt zu haben, unterlassen wir es nicht, ihn zu suchen; er ist da, er lässt sich finden.

Aus einem Brief, Dezember 1991

6. Dezember

Gibt es ein ganz großes Gebet, das ganz knapp ist? Ein Gebet in nur einem Wort?
Veni – komm! Es ist ein Urgebet. Das Urgebet des Advents – das Urgebet um den Geist.

Aus: Dein Herz an Gottes Ohr, 104

7. Dezember

Gott, so sagen wir, ist der ganz Andere. Alle Begriffe scheitern vor seiner je größeren Größe, die sich nicht umgreifen lässt. Alle Bilder zerschmelzen in seinem Licht, das sich nicht

in begrenzende Formen bannen lässt. Alle Worte verstummen ins Schweigen vor dem Geheimnis, das sich nicht aus-sagen lässt.
Und doch, Gott ist auch der ganz Gleiche: Er hat sich uns in allem gleichgemacht außer der Sünde, er ist wie ich geworden, er ist ich geworden im Kind, betastbar, anschaubar, ansprechbar. Und gerade dies ist seine unfassbare Andersheit, sein je größeres Geheimnis: dass er so klein sein kann, dass er sich so ausliefern kann, dass er so nah sein kann.
Willst du dem ganz Anderen begegnen? Dann geh zum ganz Gleichen, geh bis zum Nächsten, zum Kleinsten, zum Ärmsten. Pack zu, um zu helfen – und du be-greifst Gott. Schau hin, um dem Nächsten die Not und die Sehnsucht abzulesen an seinen Augen – und du blickst in Gottes Licht. Hör hin auf des Nächsten leise Stimme, und sag ihm das einfache, liebende Wort – und du sprichst mit Gott selbst. Geh zum ganz Gleichen, um den ganz Anderen zu finden.

8. Dezember

Der Mensch hat Sehnsucht, sein eigenes so oft geschundenes, so oft beflecktes, so oft von der Sünde entstelltes Menschsein irgendwo ganz rein anzuschauen und zugleich da ganz nahe Gott zu schauen mit seiner Macht, das Menschliche gut zu machen. Und wo macht Gott das Menschliche gut, wenn nicht in jener Frau, die Mutter ist: Mutter für ihren Sohn, Mutter für uns alle.
Die Mütterlichkeit als der Punkt, an dem plötzlich das Menschsein aus seinem Zusammenhang herausgehoben wird, um Liebe, Erbarmen, Nähe und Heimat für andere zu werden,

das Menschsein in seiner Jungfräulichkeit, in dem alles sich verzehrt und aufblüht und einfach da ist und sich verschenkt: Beides zugleich zeigt sich in Maria.
Dies ist eine Ursehnsucht der Menschheit, und so gehört Maria ganz elementar in die Sehnsucht der Völker hinein. …

Aus einem Artikel, 1978

9. Dezember

Anfangen braucht ein Wohin und ein Woraus.
Anfangen gelingt nicht, wenn wir nur die Startbedingungen prüfen. Es muss eine Leidenschaft geben, die stärker ist als die Kraft anzufangen, die wir in uns selber haben. Es braucht das Ziel, das Wohin – und dieses Ziel finden wir nur, wenn eine Leidenschaft uns treibt: die Leidenschaft für das Evangelium, die Leidenschaft für den Menschen. Die Leidenschaft für das Evangelium, das uns diesen liebenden, diesen je neuen, diesen ganz anderen, diesen in aller Größe doch so nahen Gott vor Augen stellt, für das Evangelium, das immer zu groß und zu schwer ist – und doch kann nichts anderes uns über uns und unsere Befangenheit in uns selbst hinausheben. Und die Leidenschaft für Gott, die Leidenschaft fürs Evangelium ist zugleich Leidenschaft für den Menschen. Da kann es uns nicht egal sein, wenn Menschen verzweifelt sind, wenn sie nicht glauben können, wenn sie keinen Sinn sehen, wenn sie verhungern, wenn sie kein Recht haben, wenn es keinen Frieden gibt.

Aus einem Brief, Dezember 1980

10. Dezember

Christsein heißt gewiss, zuerst an das Wort glauben, das Fleisch wurde. Dieser Glaube aber ist nur dann lebendig, wenn er sich nicht beschränkt auf das, was einmal war, was ein für allemal geschehen ist. Das Wort ergeht auch jetzt, das eine und selbe Wort. Durch alle Begegnungen und Erfahrungen, durch alle Situationen und menschlichen Worte gilt es durchzuhören auf das Wort, statt stecken zu bleiben bei Eindrücken, Sympathien, Ängsten, Berechnungen. Durchhören auf *das* Wort – und ihm unseren Augenblick, unser Leben einräumen, damit es eben in uns Fleisch werden kann für andere: Dann ist Weihnachten nicht nur Erinnerung, sondern Zeugnis. Es wird glaubhaft, dass das Wort Fleisch geworden ist und unter uns wohnt.

Aus: Das Wort für uns, 22f

11. Dezember

Anfangen braucht ein Für und ein Gegen.
Etwas, wofür wir uns einsetzen, und den Widerstand, den der Stoß des Anfangs aufhebt. Wenn wir nicht für jemand, wenn wir nicht für etwas sind, wenn wir nur abwägen und aufrechnen und uns genieren, wenn wir überall einen Fehler und eine Enttäuschung aufdecken, dann werden wir vertrocknen in uns selber, dann werden wir nie über uns selbst hinauswachsen. Aber gerade diese lautere, großzügige Kraft, sich für etwas einzusetzen, hat auch die Energie und den Mut bei sich, Widerspruch und Gegensatz zu ertragen und zu überwinden. Ich bin nicht dafür, dass wir gegen jemand, nicht einmal dafür, dass wir gegen etwas sind, ich bin aber wohl dafür, dass wir

gegen jene lähmende Resignation angehen, gegen jene schleichende Anpassung, gegen jene Allmacht der Enttäuschung, die uns oft unbemerkt ergreifen. Zerbrechen wir jene Re-flexion, jene Rückbeugung nur auf das Enttäuschende und Belastende, und sagen wir in allem nüchternen Realismus doch dem und mit dem das Wort „für", der für uns Mensch geworden ist.

Aus einem Brief, Dezember 1980

12. Dezember

Anfangen braucht den Mut, allein anzufangen, und den Mut, mit andern anzufangen.
Nie gelingt Anfang, wenn wir nur auf andere warten. Nie gelingt Durchbruch, wenn wir uns nur mitziehen lassen. Nie gelingt Wandel, wenn wir warten, bis dies oder jenes so weit ist. Mit jener innersten Einsamkeit, die wir in unseren schwersten Stunden entdecken und an der wir in mancher schier unlösbaren Situation leiden, genau mit jener Einsamkeit gilt es zu sagen: Ich bin da, ich höre, ich bin bereit! Das kann uns niemand abnehmen; aber ohne das leben wir gar nicht als wir selbst, sondern werden nur gelebt und sind nie froh, weil wir selber, wir mit unserem Innersten, nicht ins Spiel kommen. Doch sobald wir den Mut haben, dieses Ja zu sagen, sind wir an die anderen verwiesen, können wir uns nicht mehr voreinander schützen, müssen wir den Schritt tun aufeinander zu. Wenn ich, ich persönlich neu anfange, dann ändert sich etwas zwischen uns, im Klima, im Miteinander.

Aus einem Brief, Dezember 1980

13. Dezember

Anfangen braucht den großen Sprung und die kleinen Schritte.
Anfangen ist nie nur Fortsetzung, Anfang ist immer Aufbruch und somit Sprung, der mehr wagt, als er kalkulieren kann, mehr versucht, als er bislang erfahren hat. Auch wir haben die ganze Nacht gearbeitet und oftmals nichts gefangen. Aber auch uns wird dieser Aufbruch des Petrus zugemutet: Auf dein Wort hin. Entscheidend ist allerdings, dass wir den großen Sprung ummünzen in die kleinen Schritte, die ihn bewähren in der banalen und herben und widerständigen Alltäglichkeit. Der kühne Mut und die demütige Treue, das gehört einfach zusammen. Und wenn das Wasser, auf das wir mit Petrus uns gewagt haben, einmal nicht mehr zu tragen scheint, dann hilft nur der nächste Schritt des Glaubens auf ihn, der uns gerufen hat, weiter.

Aus einem Brief, Dezember 1980

14. Dezember

Die Liebe spielt die Dinge einander zu, spielt sie uns zu und will uns die Phantasie und die Ehrfurcht, die Demut und die Unschuld, die Freundlichkeit und den Glanz des Spielens schenken. Solches Spielen hütet die Dinge, laugt sie nicht aus und braucht sie nicht auf, verbannt sie aber auch nicht in eine sterile und museale Unberührbarkeit. Verstehen wir die Dinge nicht besser, wenn sie uns Spiel-sache Gottes und wenn wir ihnen Kinder Gottes werden, in und mit dem Kind der Weihnacht?

Aus: Und das Wort ist Kind geworden, 18

15. Dezember

Das Wort ist Kind geworden, um sich uns schenken zu können, um uns dort, wo wir sind, Geschenk zu sein, um ganz für uns und mit uns dazusein. Wie können wir uns Hirten und Könige an der Krippe vorstellen ohne Geschenke? Wie können wir die Schöpfung uns vor dem Kind in der Krippe vorstellen, wenn nicht als Geschenk? Sich schenken, das ist die neue weihnachtliche Art des Seins. Sich schenken, das ist die Armut und der eine Reichtum Gottes, des Menschen und der Kreaturen.

Aus: Und das Wort ist Kind geworden, 18f

16. Dezember

Das Licht von Betlehem und die Armut von Betlehem lassen sich nicht trennen. Die Bereitschaft, sich zu verschenken, und die Bereitschaft zu empfangen, lassen sich ebensowenig trennen. Beides gehört weihnachtlich zusammen. Beides lässt unseren Weg zum Weg nach Betlehem werden.
Dort finden wir den Herrn in seiner Armut, dort finden wir den Herrn als Zeichen der Hoffnung für uns und die Welt.

Aus einem Brief, 26.11.1980

17. Dezember

Die Geburt eines Kindes bedeutet Verheißung. Sie sagt uns, dass es mit der Welt noch nicht am Ende zu sein braucht, dass es weitergehen kann. Neue Schultern schieben sich unter die Last unserer Erde, an der wir schon müde zu werden beginnen. Wohl liegt es hilflos und sprachlos vor uns, dieses zarte

Geschöpf, aber gerade deshalb steht noch alles offen, noch keine Möglichkeit ist verbraucht, noch kein Weg verbaut. Und so geht der Beginn eines Lebens wahrhaft uns alle an, in der Geburt eines jeden Menschen wird die Welt zur Hoffnung wiedergeboren.

Aus einem Artikel, 1976

18. Dezember

Die Geburt, die zur Weihnacht geschah, ist die Geburt eines Menschen, ja Geburt des Menschen wie keine andere Geburt. Rein und ungeschwächt erklingt in ihr das Wort, in welchem Gott Geburt und Menschsein ursprunghaft erdacht und ausgesprochen hat. ... Das Wort, das uns zur Weihnacht in diesem Kind von Gott gesagt ist, es ist Gottes eigenes Wort, und dieses sein Wort, in welchem wir erschaffen sind und alles erschaffen ist, nimmt Gott nicht mehr zurück, es wohnt unter uns, es selbst ist Fleisch geworden und hat sein Zelt aufgeschlagen in unserer Mitte. Dieses Kind gehört uns, es ist Mensch mit uns Menschen und für uns Menschen, aber in ihm gehört uns Gottes Wort selbst.

Aus einem Artikel, 1976

19. Dezember

Kind ist Hinkehr zur Welt, es blickt offen hinaus, ist jedem Freund – und so schaut Gott uns an in seinem Kind gewordenen Sohn. Und Kind ist Hinkehr zum Vater, der Hilfe bedürfende, vertrauend zu ihm gewendete und ihm übergebene Armseligkeit –, und so schauen wir mit den Augen des Sohnes den Vater an, die Menschheit gewinnt durch ihn den Vater zurück. Jesus legt den Menschen, seine Schuld und seine Not, dem Vater ans Herz, er ist ja der am Herzen des Vaters ruhende Sohn, und wir sind von ihm angenommen für alle Ewigkeit. Das Gespräch, das uns sprachlos versagenden Wesen mit Gott zu führen aufgegeben ist, es ist in Jesus, unserem Menschenbruder, zum Gespräch Gottes mit Gott geworden.

Aus einem Artikel, 1976

20. Dezember

Jesus spricht für uns, an unserer Statt mit dem Vater. Aber das war ihm noch nicht genug. Wir selbst sollten Sprechende werden, Partner des göttlichen Gespräches, und darum hat er uns den Geist des Sohnes gegeben, in dem wir rufen dürfen: „Abba! Vater!" Das Kind in der Krippe ist nicht nur Frohe Botschaft an uns, es wird zum Gebot für unser eigenes Leben: „Wenn ihr nicht werdet wie die Kinder, könnt ihr nicht in das Reich Gottes eingehen!" Wir müssen aus dem Geist des Kindes unser Wollen und Tun verwandeln, müssen die Kühnheit des Kindes lernen, das seine Schwäche nicht verbirgt, sondern weiß: Gerade weil es schwach ist, wird der Vater es tragen. Doch auch das andere fordert das Kind in der Krippe von uns: dass wir mit ihm Kinder seien unter Brüdern und Schwestern, den Menschen gegenüber.

Aus einem Artikel, 1976

21. Dezember

Das Geheimnis des Christen ist das Geheimnis des Kindes. Wenn wir daran glauben, dass Gott uns liebend anblickt in den Augen seines zur Weihnacht geborenen Sohnes und dass dieser uns und all unsere Last übernommen hat vor dem Antlitz des Vaters, dann werden wir frei von der Verkettung an uns selbst, an den eigenen Kreis und an die eigene Not. Wir trauen Gott zu, dass er sich sorgt um die Lächerlichkeit unseres winzigen Lebens. Wir sind mit all unserem Eifer und all unserer Kunst nicht mehr als hilflose Kinder, doch gerade deshalb sind wir fähig, den Auftrag Gottes an die Welt auszurichten. Und unser kleines Dasein, das nicht mehr an sich selber klebt, sondern liebend verfügbar wird für seine Liebe, wird zum Geschenk, das Gott selbst unseren Geschwistern macht.

Aus einem Artikel, 1976

22. Dezember

Neue Verhältnisse brauchen neue Menschen.
Wie geht das: neuer Mensch werden?
Es geht im Kind,
es geht in dem, der für uns Kind geworden ist.

Im Kind lernen wir neu „ich" sagen:
Denn für mich ist er geboren,
ich bin grenzenlos von Gott geliebt.

Im Kind lernen wir neu „du" sagen:
Denn dein und mein Leben sind
geteilt von ihm und eins in ihm.

Im Kind lernen wir neu „Er" sagen:
Denn mit ihm können wir
unbefangen zum Vater und vom Vater sprechen.

Im Kind lernen wir neu „wir“ sagen:
Denn in ihm haben wir die Mitte,
die uns ganz dicht und ganz weit zum Kreis verbindet.

Weihnachtsbrief 1989

23. Dezember

Ich wünsche uns allen vier Schlüssel:
Einen Schlüssel für die Hintertür –
der Herr kommt, wo und wann wir es nicht vermuten.
Er kommt in denen, die sich nicht ans große Tor getrauen.
Einen Schlüssel für die Tür nach innen –
der Herr ist inwendiger als unser Innerstes.
Von dort betritt Er das Haus unseres Lebens.
Einen Schlüssel für die Verbindungstür,
die zutapezierte, zugemauerte nach nebenan –
im Allernächsten, welcher der Allerfremdeste ist,
klopft der Herr bei uns an.
Einen Schlüssel für die Haustür, für das Portal –
dort hat man Jesus mit Maria und Josef abgewiesen.
Wir wollen uns nicht genieren, ihn öffentlich
einzulassen in unser Leben, in unsere Welt.
Werden wir sein Betlehem heute sein?

Aus: Und das Wort ist Kind geworden, 8

24. Dezember

Während meiner Erholung in den Alpen war mir beim Spaziergang auf einmal, als sei die Sonne ins Tal gefallen. Sie tauchte die Landschaft nicht mehr von oben und außen ins

Licht. Sie schien von unten und innen. Berge, Wege, Wasser glühten von der Sonne in und unter ihnen.
Kürzlich stieß ich auf eine Krippendarstellung, in der die Lichtquelle das Kind ist. Ja, das ist Weihnachten: die Menschen, die Dinge, das Leben im Licht jener Sonne sehen, die in uns untertauchte, um von innen und unten, im Kleinen, im Alltäglichen Gott unter uns aufgehen zu lassen.

Weihnachtsbrief 1993

25. Dezember, Weihnachten

Wenn ein Kind sich verläuft, dann geht es dorthin, wohin es nicht gehört.
Ja, an Weihnachten hat Gott sich verlaufen – nicht nur wie ein Kind, sondern *als* Kind – dorthin, wohin er nicht „gehört". Er ist nicht in der verschlossenen Herrlichkeit seines Himmels geblieben, sondern er hat sich verlaufen zu den Kleinen und Armen, zu den Kranken und Trauernden, zu jenen, von denen wir wähnen, sie seien fern von Gott und hätten nichts mit ihm zu tun.
Gott hat sich verlaufen dorthin, wohin der verlorene Sohn sich verlaufen hat, weit weg vom Vaterhaus, um in ihm und mit ihm heimzukehren zum Vater. Gott hat sich verlaufen wie ein Kind – nur dass es eben kein Irrtum war, solches zu tun, sondern das Göttlichste, was Gott tun kann. Gott ist der Gott aller – oder er ist nicht Gott. Gott ist der Gott der Kleinen und der Fernen – oder er ist nicht Gott. Wir finden Gott dort, wohin er sich „verlaufen" hat – oder wir finden ihn nicht.
„Lass uns dich finden, wohin du, Gott, dich verlaufen hast als ein Kind. Ja, lass uns selber Kind sein, in dem du dich verläufst zu den andern, zu allen!"

26. Dezember

Er ist einfach da – das ist alles, was er tut und kann.
Aber indem er da ist, ohnmächtig und strahlend,
ist eben Gott selber da.
Gott ist da für uns.
Und was sagt dieses Dasein Gottes im Kind von Betlehem?
Es sagt mir, es sagt dir, es sagt jedem Menschen:
Gut, dass du da bist.

Aus einem Artikel, 1976

27. Dezember

Das Wort ist Fleisch geworden,
das Wort ist Herz geworden.
Gott hat sich ein Herz genommen.
Das göttliche Herz schlägt
im Puls der Milliarden menschlicher Herzen.
Seither wissen wir, was im Herzen des Menschen wohnt.
Denn der allwissende Gott
wollte der allnahe Gott werden.
Er wollte nicht nur wissen,
was im Herzen des Menschen ist,
sondern er wollte es erfahren.
Und in ihm erfahren wir uns selbst:
Unser Herz ist nicht ein Traum, der sich nie erfüllt,
nicht unsere Verurteilung zum ausweglosen Scheitern,
nicht unser fatales Alibi gegenüber der Wirklichkeit.
Nein, unser Herz hat Recht.
Denn Gott selbst hat sich unser Herz genommen.

Aus einer Predigt, 25.12.1978

28. Dezember

Mensch werden heißt Kind werden.
Seit Adam und Eva gibt es keine Ausnahme davon.
Der Weg zum Menschsein führt über das Kind.
Es ist Gottes eigener Weg.
Gottes Sohn ist Mensch geworden,
indem er Kind wurde.
Wir gehören zu ihm,
wenn wir seine Freunde aufnehmen, die Kinder,
und wenn wir wie Kinder ihn selbst aufnehmen.
Nur wer Kind wird, geht ein in Gottes Reich.
Einfach werden, lauter sein, mitleiden können,
sich freuen können.
Sich beschenken lassen und weiterschenken.
Das Kind – Heilkraft gegen Resignation und Berechnung,
gegen Egoismus und Sinnleere.
Das Kind, das uns um sein Leben
und um seinen Lebensraum bittet.
Das Kind in der Krippe,
das uns einlädt, mit ihm Mensch zu sein
und von ihm göttliches Leben zu empfangen.

Weihnachtsbrief 1979

29. Dezember

Wenn ich gefragt würde, wie es denn um die Hoffnung steht, dann würde ich überspitzt formulieren: Hoffnungen – ja, Hoffnung – nein. Es gibt in unserer Zeit viele Hoffnungen, aber keine Hoffnung. ... Hoffnungen mögen zerbre-

chen, Hoffnungen mögen Enttäuschungen werden, Hoffnungen mögen zugrunde gehen, aber die Hoffnung kann mir niemand nehmen. Und wenn ich die Hoffnung habe, dann werde ich auch aufbrechen und neuen Hoffnungen ihr Recht und ihren Weg bereiten.
Hoffnung – wie steht es um sie? Was war denn das Großartige bei den Visionen der Theologie und der Philosophie über die Hoffnung? Man ertastete, man sah und man sagte, dass dem menschlichen Dasein ein Rhythmus innewohnt, der immer und immer wieder ein Ziel entwirft. Dieses Ziel erreichen wir vielleicht nicht. Aber wir korrigieren unseren Entwurf daran, wir bleiben dabei. Es gibt eine innere Dynamik, die immer nach vorne weist und die uns immer das verwandeln hilft, was uns nicht gelingt.

Aus der Predigt beim Jahresschlussgottesdienst 1993

30. Dezember

Kehren wir um zu unserem einen, eigenen Leben. Nehmen wir unser Leben wieder in die Hände, und sagen wir nicht, es ist zu schwer, wir schauen lieber zu, was herauskommt. Nehmen wir unser Leben in die Hände, tragen wir es durch.
Kehren wir um zu unserem eigenen Sterben. Flüchten wir uns nicht in irgendwelche Esoteriken, sondern stellen wir uns dem, der uns liebt und der uns anschaut und der uns in die Verantwortung ruft. Und der deswegen, weil er uns in die Verantwortung ruft, uns ein Gewicht und uns einen Ernst und uns eine Würde gibt.
Kehren wir um zu dem Nächsten. Lassen wir ihn nicht an uns vorbeilaufen, und zucken wir nicht mit den Achseln, sondern

sehen wir, dass, umkehrend zu ihm, wir umkehren zu einer neuen Hoffnung, weil nur dann, wenn wir solidarisch miteinander werden, etwas in dieser Welt sich ändern kann.

Aus der Predigt beim Jahresschlussgottesdienst 1993

31. Dezember

Kehren wir um zu Gott. Aber genügt das? Ist dieser Gott nicht manchmal so groß, so fordernd, so fremd, dass wir keinen „Pack-an" bekommen? Ist dieser Gott nicht so überfordernd, dass wir doch wiederum in uns selber zurücksinken? Der Gott, welcher der Vater unseres Herrn Jesus Christus ist, ist nicht zuerst der fordernde Gott. Er ist es auch, und wenn er es nicht wäre, würden wir nicht ernst genommen. Aber er ist es nicht zuerst, sondern er ist zuerst der uns aushaltende Gott.

Gott, du hältst mich aus, wie ich bin. Gott, du hältst diese Welt aus, wie sie ist. Gott, du hältst diesen Nächsten aus, wie er ist. Ausgehalten werden von ihm, der herniedersteigt, der sich entäußert und Knechtsgestalt annimmt, das ist der einzige Weg, in dem sich uns das Tor zur Hoffnung wieder öffnet. Ihn annehmen als den, der uns zuvor angenommen hat. Von ihm uns tragen lassen. Es glauben, dass wir ausgehalten sind. Das ist das Nadelöhr, durch das wir den Faden der Hoffnung eingefädelt bekommen. Dieser Gott kann wahrhaft Hoffnung geben.

Aus der Predigt beim Jahresschlussgottesdienst 1993

Quellennachweis

Die Texte, die in diesem Buch zusammengestellt wurden, sind zum Teil unveröffentlichte Aufzeichnungen, andere wurden folgenden Veröffentlichungen entnommen.

Aus Büchern von Klaus Hemmerle:

Brücken zum Credo. Glaubenswege, (Herder) Freiburg 1984, 262 (25.5.), 265 (27.5.)

Das Haus des barmherzigen Vaters, (Herder) Freiburg 1982, 53ff (6./16.3.)

Das Wort für uns. Meditationen, (Herder) Freiburg 1976, 11f (30.5.), 22f (10.12.), 91f (15.7.)

Dein Herz an Gottes Ohr. Einübung ins Gebet, (Neue Stadt) München, 2. Aufl. 1999, 103f.108 (2.7.), 117 (6.12.), 173 (22.5.)

Der Himmel ist zwischen uns, (Neue Stadt) München 1977, 3. Aufl. 1978, 32 (5.4.), 34 (11.10.), 44 (6.4.), 45 (7.5.), 55f (18.9), 87 (14.5.), 93ff (28.-30.9.)

Gerufen und verschenkt. Theologischer Versuch einer geistlichen Ortsbestimmung des Priesters, (Neue Stadt) München 1986, 2. Aufl. 1987, 18f (23.6.), 19f (22.-23.3.), 27 (25.4.), 28 (7.4.), 28f (27.4.), 31f (8.-9.4.), 35 (11.8.), 44 (10.4.), 46 (11.4.), 46f (24.6.), 48f (12.-14.4.), 51 (3.3.), 52f (24.-25.11.), 54f (20.-22.11.), 56-58 (26.-28.11.), 58f (4.7.), 59 (24.4.), 60 (23.7.), 62f (12.8.), 64 (27.2.), 65 (25.9.), 66 (11.2.), 67 (19.6.), 68 (24.-25.10.), 69-71 (29.-31.7.), 71f (24.3.), 72 (26.3.), 72f (26.6.), 83 (8.3.), 85 (9.3.), 86 (27.3.; 23.11.), 88f (10.-12.3.), 94f (30.11.), 97 (29.11.), 102 (24.7.), 105 (25.7.), 106f (5.-6.7.), 109f (7.-8.7.), 112 (19.12.), 112f (12.7.), 113 (1.7.), 114 (14.7.), 115-119 (16.-22.7.), 144 (13.8.), 160 (19.5.), 166ff (9.-11.7.), 172 (27.-28.1.), 173 (13.7.), 175 (28.2.), 178f (14.8.), 181f (26.10.), 182 (13.3.), 184 (22.2.), 185f (14.-15.3.), 186f (15.-16.4.), 190 (16.8.), 193f (17.8.), 196f (12.-13.2.), 216 (21.6.)

Glauben – wie geht das? Wege zur Mitte des Evangeliums, (Herder) Freiburg 1978, 28f (3.1.)

Im Konkurrenzkampf der Weltanschauungen. Meditationen zu Zeitfragen, (Neue Stadt) München 1972, 3. Aufl. 1978, 15f (4.2.), 18f (23.6.), 24 (17.3.), 33f (2.2.), 41 (1.6.), 46f (24.6.), 61f (1.4./1.5.), 79f (7.3.)

Offene Weltformel. Perspektiven christlicher Bewußtseinsbildung, (Neue Stadt) München 1969, 2. Aufl. 1971, 55f (13.9.), 100ff (3.-4.5.), 104f (4.9.)

Und das Wort ist Kind geworden. Gedanken zur Weihnacht, (Neue Stadt) München 1991, 2. Aufl. 1992, 7 (2.12.), 10 (5.1.), 13 (27.12.), 18f (14.-15.12.), 28ff (17.-23.12.), 34 (28.12.), 35 (11.11.), 39 (8.5.), 49f (25.3.), 69 (3.12.), 72 (21.9.)

Unterscheidungen. Gedanken und Entwürfe zur Sache des Christentums heute, (Herder) Freiburg 1972, 112 (8.9.)

Aus Werken mit Texten verschiedener Autoren:

Adolphsen, Helge / Harig, Günter (Hrsg.): Bischöfe kommentieren Fragen der Zeit, (Radius) Stuttgart 1991, 106-117 (22.1., 30.4., 27.9.)

Ammann, Rudolf (Hrsg.): Sicht-Kontakt. Mit Maria im Gespräch, (Butzon & Bercker) Kevelaer 1988, 31f (31.5.)

Collas, Karlheinz (Hrsg.): Nicht Nachlassverwalter, sondern Wegbereiter. Klaus Hemmerle, Predigten 1993, (Einhard) Aachen 1994, 12 (26.9.), 14 (7.10.), 14f (25.6.), 21f (8.10.), 26f (9.-10.10.), 42f (6.1.), 45 (7.1.), 53f (29.-30.3.), 60f (14.-15.2.), 73 (16.2.), 101f (2.11.), 104ff (23.-24.1.), 108 (11.6.), 129-137 (29.-31.12.)

Hagemann, Wilfried / Hemmerle, Klaus (Hrsg.): Kirchen, wollt ihr euch behaupten? – Zur Glaubensproblematik heute, (Neue Stadt) München 1970, 7 (5.9.), 15 (5.2.), 71-77 (17.-20.4.), 73f (1.4.), 109f (3.9.), 122f (26.4.)

Hagemann, Wilfried / Hemmerle, Klaus (Hrsg.): Ein Gott ohne Zukunft? – Glaube zwischen Idealen und Widersprüchen unserer Zeit, (Neue Stadt) München 1971, 54 (3.2.), 56 (4.8.), 57 (19.8.)

Heinz, Hanspeter (Hrsg.): Gemeinde der Zukunft – nicht erst morgen, (Neue Stadt) München 1975, 2. Aufl. 1978, 39 (5.10.)

Heinz, Hanspeter (Hrsg.): Ein Leib werden. Zugänge zu einer eucharistischen Pastoral, (Neue Stadt) München 1979, 2. Aufl. 1979, 25 (31.8.)

Hemmerle, Klaus (Hrsg.): Liebe verwandelt die Welt. Anstöße zum Berliner Katholikentag 1980, (Grünewald) Mainz 1979, 16-23 (31.3., 16.6., 3.7., 10.8., 30.8., 15.9.)

Hemmerle, Klaus (Hrsg.): Sag mir, was du glaubst. Betrachtungen von zwölf Bischöfen über das Glaubensbekenntnis, (Neue Stadt) München 1982, 5 (4.3.), 30-33 (19.3., 17.5., 18.5.)

Hemmerle, Klaus (Hrsg.): Dreifaltigkeit – Schlüssel zum Menschen, Schlüssel zur Zeit. Beiträge zu Zeitfragen des Glaubens, (Neue Stadt) München 1989, 5 (1.9.), 122f (23.4.), 131 (19.9.)

Höffner, Joseph u. a. (Hrsg.): Wir wollen dich preisen. Meditationen zu Marienfesten während des Kirchenjahres, (Salvator) Steinfeld, 2. Aufl. 1980, 92 (29.5., 8.12.)

Katholisches Bibelwerk (Hrsg.): Bibel im Jahr '77. Gott hat Zeit für uns, (Johann Michael Sailer Verlag) Nürnberg 1976, 3f (2.1., 18.3., 2.6.)

Lubich, Chiara: Wort des Lebens. Wie man das Evangelium lebt, (Neue Stadt) München 1980, 5. Aufl. 1992, 5f (22.-23.10.)

Sekretariat der Deutschen Bischofskonferenz (Hrsg.): Beten mit der Kirche. Hilfen zum neuen Stundengebet, (Pustet) Regensburg 1978, (20.1., 4.6.)

Stachel, Günter (Hrsg.): Munen muso – Ungegenständliche Meditation. Festschrift für Pater Hugo M. Enomiya-Lassalle SJ zum 80. Geburtstag, (Grünewald) Mainz 1978, 35 (15.5.)

Aus Zeitschriften:

Begegnen und Helfen, Freiburg 2/72 (3.8.)

Caritas in Nordrhein-Westfalen, 4/77 (6.2., 7.-8.8.)

Christ in der Gegenwart, Freiburg 52/91 (28.-31.10.)

Kirchenzeitung für das Bistum Aachen (17.1., 24.8., 26.12.)

Lebendige Zelle, 2/72 (1.2., 29.6., 3.10.)

Lebendige Seelsorge 1975, 315-318 (6.10., 12.-14.10., 16.-18.10.)

Lebendiges Zeugnis, 4/76 (12.9., 19.-20.10.), 2/81 (4.-10.11., 12.-14.11.)

Neue Stadt, 10/69 (28.3., 9.-13.5.), 12/69 (1.-2.8.), 12/73 (6.9.), 1/74 (8.-11.1., 7.9.), 2/74 (31.1., 23.2., 28.6., 9.-11.9.), 11/76 (24.8.), 3/77 (12.-14.1., 21.10.), 10/77 (27.6., 25.8.), 12/77 (18.-19.1., 22.6., 14.9.), 3/78 (15.-16.1., 9.8.), 2/80 (26.8.), 12/80 (21.4., 27.8., 20.9.)

Rheinischer Merkur, 11./18.5.79 (26.1., 20.3., 22.4., 2.5., 5.-6.6., 17.6., 20.6., 16.-17.9.)

Unitas, 4/78 (15.10., 3.11.)

Klaus Hemmerle im Verlag Neue Stadt

Dein Herz an Gottes Ohr

Einübung ins Gebet

180 Seiten, gebunden, ISBN 3-87996-394-0

Wie Glauben im Leben geht

Schriften zur Spiritualität

308 Seiten, gebunden, ISBN 3-87996-331-2

Linien des Lebens

Meditationsimpulse zum Johannesevangelium

80 Seiten, gebunden, ISBN 3-87996-348-7

Und das Wort ist Kind geworden

Gedanken zur Weihnacht

80 Seiten, gebunden, ISBN 3-87996-267-7

Geliebte seiner Liebe

Reflexionen über das Menschsein aus christlicher Sicht,

48 Seiten, kartoniert, ISBN 3-87996-552-8

Worte ins Spiel gebracht
Hundert Worte von Klaus Hemmerle

112 Seiten, gebunden, ISBN 3-87996-503-X